本书受中共武汉市委党校（武汉市行政学院）学术著作出版资助

新发展格局下交通基础设施对房地产开发投资变动的影响

李 菁 著

中国财经出版传媒集团
经济科学出版社
北京

图书在版编目（CIP）数据

新发展格局下交通基础设施对房地产开发投资变动的影响/李菁著． --北京：经济科学出版社，2024.3
 ISBN 978 -7 -5218 -5115 -1

Ⅰ.①新… Ⅱ.①李… Ⅲ.①交通设施 -影响 -房地产开发②交通设施 -影响 -房地产投资 Ⅳ.①F293.3

中国国家版本馆 CIP 数据核字（2023）第 172339 号

责任编辑：何　宁
责任校对：刘　昕
责任印制：张佳裕

新发展格局下交通基础设施对房地产开发投资变动的影响
XINFAZHAN GEJU XIA JIAOTONG JICHU SHESHI DUI
FANGDICHAN KAIFA TOUZI BIANDONG DE YINGXIANG
李　菁著
经济科学出版社出版、发行　新华书店经销
社址：北京市海淀区阜成路甲 28 号　邮编：100142
总编部电话：010 -88191217　发行部电话：010 -88191522
网址：www.esp.com.cn
电子邮箱：esp@esp.com.cn
天猫网店：经济科学出版社旗舰店
网址：http://jjkxcbs.tmall.com
北京密兴印刷有限公司印装
710×1000　16 开　11.75 印张　200000 字
2024 年 3 月第 1 版　2024 年 3 月第 1 次印刷
ISBN 978 -7 -5218 -5115 -1　定价：49.00 元
(图书出现印装问题，本社负责调换。电话：010 -88191545)
(版权所有　侵权必究　打击盗版　举报热线：010 -88191661
QQ：2242791300　营销中心电话：010 -88191537
电子邮箱：dbts@esp.com.cn)

摘要

党的二十大报告强调房住不炒政策,提出要以中国式现代化全面推进中华民族伟大复兴。房地产作为经济和社会发展的重要物质基础,既关系到千家万户的民生问题,又涉及宏观经济运行的畅通,在中国特色社会主义建设中起到重要作用,必须依照中国式现代化要求,高质量的发展我国房地产事业。交通基础设施与房地产开发投资有着密不可分的关系。交通基础设施对城市的空间格局具有决定性的影响,从而对房地产开发投资的空间配置也起着关键性的作用。近些年来,我国的交通基础设施建设取得了骄人的业绩,交通基础设施建设投资由1998年的4 661.5亿元增加至2019年的23 452.33亿元,1998~2021年公路里程从127.85万千米增长至528.07万千米,铁路营业里程由6.64万千米上升至15.07万千米。交通基础设施投资的增长和交通网络的延展,无疑对支持我国经济的发展起到了重要作用。但是,我国交通基础设施投资的区域配置存在不均衡的问题。优化房地产投资的空间配置,必须调整优化交通基础设施投资的空间配置。

目前国内外学者对房地产市场的研究,在宏观层面主要偏重于讨论房地产与我国经济增长、城市空间、城市化进程及房地产价格泡沫等问题;在微观层面则偏重于对房地产开发商行为与消费者行为的分析,例如,房地产开发商的投资决策、风险管理、全寿命周期管理,消费者的购买决策等。已有文献在探讨基础设施与房地产间关系时大部分都集中在房地产价格影响方面,较少注重房地产开发投资领域,如房地产开发投资总量、区域配置等。

本书在深入分析交通基础设施对房地产开发投资变动影响机理的基础上,重点研究我国交通基础设施对房地产开发投资总量变动的影响、对房地产开发投资区际区位结构变动的影响以及对房地产开发投资城市内部区位结构变动的影响，以期为城市交通基础设施和房地产开发投资的优化配置提供理论依据和政策建议。

本书除了导论和研究结论、建议及展望外共分六章：第一章，核心概念界定及理论基础。对本书核心概念进行界定，确定研究边界，阐述相关基础理论，主要包括地租理论，空间结构理论，集聚、扩散与空间相互作用理论。第二章，交通基础设施对房地产开发投资变动影响的机理分析。首先分析交通基础设施对土地租金、城市工资收入、专业化分工以及房地产价格的影响，揭示交通基础设施影响房地产开发投资的内在机理；其次分析交通基础设施影响房地产开发投资变动的三条路径；最后分析交通基础设施影响房地产开发投资变动的效应。第三章，中国交通基础设施与房地产开发投资的发展演化及空间格局分析。对我国交通基础设施与房地产开发投资的发展演化过程进行梳理，同时运用历史数据剖析它们的发展特征及空间格局。在此基础上，分析交通基础设施与房地产开发投资变动的共性与差异，找出二者的现实关系。并运用莫兰指数对交通基础设施与房地产开发投资空间非常规集聚程度进行测度。第四章，交通基础设施对房地产开发投资总量变动影响。利用 30 个省级（西藏自治区数据缺失）面板数据构建 Panel-var 模型，运用协整检验、脉冲响应函数及 Panel-granger 因果检验，分析交通基础设施对房地产开发投资的影响程度，运用面板数据构建面板误差修正模型分析交通基础设施对房地产开发投资影响的时间效应。第五章，交通基础设施对房地产开发投资区际区位结构的影响。按照官方划分方法将我国 31 个省级区域首先划分为东部、中部和西部三大区域，构建动态差分 GMM 面板模型，实证分析交通基础设施对房地产开发投资区际区位结构的影响。其次，分华东、中南、华北、西南、东北与西北六个大区，构建固定效应面板模型进行稳健性检验。最后，运用省级面板数据构建多维空间权重下空间杜宾模型，引入交通基础设施二次项来控制其非线性影响，实证研究本地区交通基础设施对其他地区房地产开发投资的溢出效应，以及本地区房地产开发投资对其他地区房地产开发投资可能产生的"挤占效应"。第六章，交通基础设施对房地产开发投资城市内部区位结构变动的影响。以武汉市轨道交通 6 号线站点周边二手住宅市场为例，分别从距地铁站点不同距离范围及影响程度和分市场及影响程度两个方面实证检验交通基础设施对房地产开发投资城市内不同区域结构影响。

本书的研究结论主要包括：（1）交通基础设施对房地产开发投资的影响是显著存在的，并且有着明显的时间效应，主要表现为：长期内交通基础设施对房地产开发投资总量的影响十分明显，但是交通基础设施短暂性变动对房地产开发投资总量的影响并不显著。（2）交通基础设施对房地产开发投资区际区位结构影响显著。不同省份间、不同城市间的房地产开发投资区位结构的改变在一定程度上主要依赖于后期交通基础设施建设水平的整体改善程度而非现有的交通基础设施现状。即依赖于交通基础设施整体水平改善的边际效应，边际效应越大，影响程度越大，反之则否。（3）交通基础设施对我国房地产开发投资产生了负空间溢出效应，且二者表现出明显的非线性关系。外省份交通基础设施每增加1%会使本省份房地产开发投资减少0.898%~12.266%，即外省份交通基础设施的建设会抑制本省份房地产开发投资的增长，基于地理位置0-1空间权重估计下外省份房地产开发投资规模扩大会促进本省份房地产开发投资增加，但基于人口密度空间权重估计结果却相反，这与我国人口单向流动事实相符，各类要素通过便捷的交通基础设施会优先进入发达地区，从而约束本地区发展。（4）我国房地产开发投资总体规模扩张和区域结构失衡逐渐演变成一种非常规的空间集聚现象。房地产开发资本非常规空间集聚已成为诱导房地产结构性过剩的重要因素。（5）交通基础设施对房地产开发投资城市内部区位结构变动影响显著。交通基础设施对房地产价格梯度呈现出先增加后下降的倒"U"形结构。主城区与郊区市场间房价梯度的演化取决于两个市场对交通基础设施响应程度的差异。

本书的创新主要包括：（1）本书运用地租理论，空间结构理论，集聚、扩散与空间相互作用理论，系统研究了交通基础设施对房地产开发投资变动的内在影响与机理，分别从房地产开发投资总量、区际区位结构以及城市内部区位结构三个方面揭示了交通基础设施对房地产开发投资变动影响的传导机制。（2）运用面板向量自回归模型及面板误差修正模型分析交通基础设施对房地产开发投资变动的影响程度和时间效应。此模型不仅有着传统的 var 模型的优点，且在加入面板数据后允许模型存在个体效应和时间效应，能更好地反映各变量间的内在联系。（3）本书运用莫兰指数对交通基础设施与房地产开发投资空间非常规集聚程度进行测度，并进一步运用省级面板数据构建多维空间权重下空间杜宾模型，引入交通基础设施二次项来控制其非线性影响，实证检验交通基础设施对我国房地产开发投资的溢出效应。即本地区交通基础设施对其他地区房地产开发投资的影响，以及本地区房地产开发投资对其他地区房地产开发投资可能产生的"挤占效应"。（4）本书采用结合地理加权回归的特征价格方法，以武汉市轨道交通六号线为例，随机搜集了589个二手房屋交易数据，按照武汉市行政区域的划分，将其分为中心城区与主城区两个市场，研究交通基础设施对房地产开发投资城市内部区位结构变动的影响。

目 录

导 论 ·· 1

第一章 核心概念界定及理论基础 ·· 18
第一节 核心概念界定 ·· 18
第二节 地租理论 ·· 29
第三节 空间结构理论 ·· 34
第四节 集聚、扩散与空间相互作用理论 ······································ 42

第二章 交通基础设施对房地产开发投资变动影响的机理分析 ·········· 44
第一节 交通基础设施对房地产开发投资影响的根源剖析 ··············· 44
第二节 交通基础设施对房地产开发投资的影响路径 ····················· 57
第三节 交通基础设施对房地产开发投资的作用效应 ····················· 62

第三章 中国交通基础设施与房地产开发投资的发展演化及空间格局分析 ·· 67
第一节 中国交通基础设施的发展演化 ·· 67
第二节 中国各地区交通基础设施发展水平差异 ··························· 75
第三节 中国房地产开发投资发展演化及主要问题 ························ 81
第四节 中国交通基础设施与房地产开发投资的空间统计分析 ········ 86

第四章 交通基础设施对房地产开发投资总量变动影响 ·················· 97
第一节 交通基础设施对房地产开发投资变动影响的实证分析 ········ 97
第二节 交通基础设施对房地产开发投资影响的时间效应检验 ······ 106

— 1 —

第五章 交通基础设施对房地产开发投资
　　　　区际区位结构变动的影响 ································· 112
　第一节　房地产开发投资区际区位结构的现实特征 ·············· 112
　第二节　交通基础设施对区域房地产开发投资影响的实证检验 ····· 123
　第三节　交通基础设施对房地产开发投资的溢出效应 ············· 132

第六章 交通基础设施对房地产开发投资城市内部区位
　　　　结构变动的影响——以武汉市为例 ····················· 142
　第一节　武汉市轨道交通 6 号线项目概况 ························ 142
　第二节　变量选取、数据来源与模型设定 ························ 144
　第三节　估计结果及分析 ······································ 149

第七章 研究结论、建议及展望 ······································ 156
　第一节　主要结论 ·· 156
　第二节　政策建议 ·· 159
　第三节　未来展望 ·· 162

参考文献 ·· 164

导　论

一、研究背景及研究意义

（一）研究背景

自1998年实施住房制度改革以来，我国房地产业得到了飞速发展。据统计，1998~2021年我国房地产开发投资年均增长17.70%，其占GDP的比重由1998年的3.00%增至2021年的12.91%。[①] 伴随着房地产投资的发展，房地产市场"区域分化"现象日趋明显：一线和部分热门二线城市房地产供不应求，房价一直居高不下，而一些三四线城市及县城地区面临去库存的压力。据全国房价行情网数据，2023年4月上海房价居于全国城市榜首，平均房价高达73 079元/平方米，同比涨幅达7.74%，三亚市房价居于全国城市第六，平均房价达43 727元/平方米，同比涨幅高达21.02%，福州市位列第十，平均房价仅为25 294元/平方米，同比下跌9.64%。截至2023年3月末商品房待售面积约高达6.48亿平方米[②]，主要集中在三四线城市及县城地区。房地产发展区域分化的原因在于房地产投资的空间错配。国家统计局数据显示，近30年来，中、东部地区房地产开发投资总额占全国的比重一直保持在77%以上，房地产开发资本配置逐步显现出空间聚集特征，房地产业结构失衡日趋明显。

房地产业是我国国民经济的支柱产业，房地产结构失衡将会直接影响国民经济持续健康发展。在任何特定的时点上，社会可利用的经济资源总是有限的，房地产投资向部分地区过度聚集，从而必然会挤占其他行业、

[①] 数据从EPS全球数据库整理而得。
[②] 2023年1—3月份全国房地产市场基本情况［EB/OL］. https://www.gov.cn/lianbo/2023-04/18/content_5751965.htm，2023-04-18.

其他地区的可用资源数量，房地产投资的错配将造成经济结构失衡，从而影响经济的可持续发展。部分地区房地产库存严重，该区域的房地产市场将要面临长时间的去化周期，导致房地产开发资本回笼周期不断拉长，房地产开发企业可能面临资金链断裂的风险，从而造成商业银行资产质量逐渐恶化。与此同时，众多中小房地产开发企业面临的资金困局还会给影子银行等造成较大的冲击，容易带来系统性金融风险，从而影响经济发展。

交通基础设施对城市的经济发展和空间格局有着决定性的影响，基础设施的空间分布对房地产开发投资有着先天性的导向作用。交通基础设施的发展可以提升城市的土地租金、居民收入、分工专业化和房地产价格等，从而促进房地产开发投资的增长并影响房地产开发投资区际区位结构和城市内部区位结构。交通基础设施的发展还会增加城市的吸引力与竞争力，提升该地区的房地产价值，形成鲜明的区位优势，进而从其他地区吸引来更多资本及人口，以获取相对较高的资本回报与福利水平，从而形成房地产开发资本的区域集聚。随着房地产开发投资空间集聚规模的不断扩大，集聚成本会逐渐增多，到达一定规模后便会产生集聚不经济①。此时，房地产开发投资将随着交通基础设施的延展向周边地区扩散。

近年来，我国交通基础设施发展快速，1998~2021年公路里程从127.85万公里增长至528.07万公里，铁路营业里程由6.64万公里上升至15.07万公里，但结构失衡问题却越来越明显，2021年中、东部地区公路里程占全国的比重达57.10%，铁路营业里程占全国的比重为59.77%②。交通基础设施的空间布局和房地产开发投资的空间分布一样，都表现出高度的空间集聚态势。我国房地产库存多的城市，往往是交通基础设施配套缺失或配套不全的地区，这些地区现有的房屋无法满足居民对房地产功能的多样化需求③，造成房地产市场"供需错位"。而另一些地区，房地产市场供不应求，需要向外转移人口，同样需要交通基础设施提供支持。因此，解决房地产投资的空间分布不均衡问题，必须优化交通基础设施的空间分布。

本书从解决现实问题的需要出发，分析交通基础设施对房地产开发投资变动的影响作用机理，结合我国实际重点研究交通基础设施对房地产开

---

① 集聚不经济主要指由于空间集聚所带来的成本费用增加或者是收益、效用的损失。
② 数据均从 EPS 全球数据库整理而得。
③ 房地产功能的多样化主要由城市基础设施提供，例如，居民对交通、教育、医疗等房地产功能的诉求。

发投资总量变动的影响、对房地产开发投资区际区位结构变动的影响和对房地产开发投资城市内部区位结构变动的影响，以期为优化我国城市交通基础设施和房地产开发投资的空间配置及结构优化提供理论依据和政策建议。

（二）研究意义

1. 理论意义

本书将房地产开发投资和交通基础设施结合研究，有助于丰富现有城市经济理论与房地产经济理论。房地产开发投资作为固定资产和GDP的重要组成部分，增加房地产投资，可以增加房地产市场供给，改善居民的居住环境，对社会财富积累及城市发展有着重要推动作用。交通基础设施的完善，可以促进城市经济发展，增进居民福利，提升城市的综合竞争力。交通基础设施与房地产开发投资协调发展，不仅能够驱动城市经济增长，而且会推动城市社会经济功能的改善以及整体形象的提升。但是，两者的空间配置失衡或者之间不协调，两者的功能就不能得到有效发挥，同时还会影响区域经济、社会的可持续发展。本书在阐述地租理论、空间结构理论、集聚扩散与空间相互作用理论的基础上，系统研究交通基础设施对房地产开发投资变动的内在影响与机理，分别从房地产开发投资总量、区际区位结构以及城市内部区位结构三个方面，就交通基础设施对房地产开发投资变动的影响开展实证分析，可以弥补现有研究文献的不足。

2. 现实意义

当前我国房地产市场供求结构性失衡同交通基础设施的空间分布有着密不可分的联系。如交通基础设施在大城市或者城市中心区域过度集中建设，可能导致房地产开发投资在这些区域过度集中；交通基础设施缺失或者配套不足则可能限制城市空间的延展；中小城市或者城市郊区的房屋，由于交通基础设施不到位不能满足人们的多样化需求而形成库存积压。解决我国当前房地市场供求结构性失衡的问题，必须重视交通基础设施对房地产开发投资的影响。从长期看，交通基础设施是社会经济发展的前提条件，加大交通基础设施建设力度，对城市经济增长与集聚、地区贸易与商业发展、提升城市竞争力、提高社会福利、产业结构升级等方面均具有重要的促进作用。交通基础设施的空间布局决定和影响区域经济及城市发展空间格局的基本框架。构建促进房地产业健康发展的长效机制，必须科学制定交通基础设施的长远发展规划，优化交通基础设施的空间配置，依靠其经济功能与社会功能的共同作用来引导房地产开发投资行为，驱使房地产开发资本流向更为理性，配置更加合理，从而实现房地产市场的良性发展。本书重点研究交通基础设施对房地产开发投资规模、区际区位结构和城市内部区位结构的影响，并探讨如何通过优化交通基础设施空间分布引导房地产开发投资空间配置的优化，不仅可以为解决我国房地市场供求的结构性失衡提供指导，还可以为构建促进房地产业健康发展的长效机制提供参考。

二、文献综述

国内外学者分别就交通基础设施与房地产开发投资进行了大量研究，现有与本书主题相关的文献大致分为以下几方面：

（一）有关基础设施的空间效应研究

1. 国外研究现状

国外学者很早就开始关注基础设施的空间效应，尤其是关注基础设施对区域经济的空间溢出影响。阿斯乔尔（Aschauer，1989）实证检验发现基础设施投资和城市经济增长之间存在显著正向联系，同时还具有明显的跨区域空间溢出效应。博阿内特（Boarnet，1998）发现某区域的基础设施改善，将会吸引生产要素向该区域流动，与此同时会减少基础设施对周边地区的产出。格拉姆里奇（Gramlich，1994）指出基础设施投资对经济增长及区域内行业都存在明显的空间效应。汇尔（Holl，2004）利用葡萄牙1986~1997年的面板数据实证检验发现，高速公路的修建能够增加邻近地区的区位优势，从而促使企业向高速公路沿线地区集聚。坎托斯等（Cantos et al.，2005）研究表明本地区的经济活动可以通过交通基础设施传输到其他地区。鲍德温等（Baldwin et al.，2005）基于新经济地理理论研究了经济集聚与公共政策二者间的联系，发现假设存在集聚效应，则基础设施对经济增长具有非线性效应，当经济欠发达地区基础设施条件完善程度没有达到门限值前基础设施对经济增长的非线性效应是不显著的，但一旦超出门限值，那么基础设施对经济增长的影响会出现区际趋同，而经济发达地区在超出门限值后则会表现为区际分异现象。泰克谢拉（Teixeira，2006）在新经济地理理论框架下，利用葡萄牙1985~1998年面板数据进行了实证分析，结果表明交通基础设施对经济增长的影响具有显著的空间效应，并且交通基础设施和经济集聚二者间存在倒"U"形相关。蒂莫费耶夫（Timofeev，2009）认为决定城市空间布局的关键因素是交通基础设施，它对城市的集聚和扩散起到显著影响，有助于改善地区经济功能。库瓦哈拉等（Kuwahara et al.，2010）通过对城市交通走廊的研究指出主要交通干线沿线地区间的经济联系更加紧密、产业高度集聚，与此同时他还强调交通基础设施与产业、经济的集聚以及大都市"连绵带"等都有着密切关系，基于此他提出沿线城市经济开发应当与区域交通基础设施建设一同规划。艾伦（Allen，2013）基于耗散结构理论与突变理论分析了在特定约束条件下城市经济演化的过程，并通过构建空间相互作用模型对其进行了实证分析，结果发现新的经济中心和居民中心常常在交通运输线的沿线地方产生。梅赫梅特（Mehmet，2014）利用欧盟十五国近40年的面板数据分析表明交通基础设施能够显著的带动经济增长，同时某一区域交通基础设施条件的改善会显著影响邻近地区的经济发展。雷恩等（Ren et al.，2022）基于长江经济带78个城市2010~2020年的面板数据实证研究表明城市群依托发达的交通基础设施网络，形成紧密多样的经济联系，促进城市群一体化。[①] 尽管大部分学者认为基础设施对经济增长有着显著的空间效应，但也有学者得出了不同结论，霍尔茨-伊肯（Holtz-Eakin，1995）利用美国1969~1986年面板数据实证检验了高速公路的空间效应，结果表明基础设施投资的增加对周边地区的影响并不显著。阿尔温（Young Alwyn，1995）也得出了类似结论。

2. 国内研究现状

国内学者较晚才开始关注基础设施的空间效应，刘生龙等（2010）运用全国28个省份1987~2007年的面板数据检验出交通基础设施是促进经济增长的显著因素，并基于巴罗类型的增长模型和增长分解实证分析出交通基础设施是造成中国经济区域发展差异的主要原因，同时发现交通基础设施对西部地区经济的影响程度比中东部地区要高出1.5个百分点。张军涛等（2011）利用我国1990~2008年的省级面板数据构建空间计量模型实证分析了地区间基础设施投资的空间溢出效应，结果表明基础设施投资对地区经济的增长在本地区内有着显著的外部溢出效应，同时在区域间也存在明显的外部溢出效应。张学良（2012）通过建立空间溢出模型，运用空间计量方法实证检验出交通基础设施的确促进了中国经济的增长，二者呈现出

---

① Yi Ren, Yuan Tian, Xue Xiao. Spatial Effects of Transportation Infrastructure on The Development of Urban Agglomeration Integration: Evidence from The Yangtze River Economic Belt [J]. Journal of Transport Geography, 2022 (104): 103431.

相似的空间集聚特征,并且交通基础设施对经济增长的产出弹性值为 0.05~0.07。叶昌友等(2013)从聚集经济视角研究发现我国经济增长的确存在空间相关性,并且铁路运输业对经济增长产生的空间效应高于公路运输业。蔡新民等(2017)基于总量数据及面板数据研究了交通基础设施投资的空间效应,结果显示交通基础设施投资对经济增长的影响存在显著的区域差异,对经济集聚的产生有一定影响。李慧玲等(2017)通过邻近原则、时间距离原则和经济原则构建出三类空间权重,实证表明在三类空间权重下交通基础设施对经济增长都产生了正的空间溢出效应。李菁等(2018)利用1997~2015年30个省级面板数据构建Panel-var模型,检验分析了房地产开发投资、经济增长与交通基础设施间的动态关系。结果表明房地产开发投资、经济增长和交通基础设施两两间的反馈效应存在着显著的区域差异,其中房地产开发投资变动和交通基础设施变动对经济增长的影响程度表现出西部地区大于中部地区,中部地区大于东部地区。史梦昱等(2023)发现交通基础设施发展差异是地区间资源错配的内在根源之一。

(二)有关房地产市场区域差异原因的研究

1. 国外研究现状

国外学者对房地产市场区域差异原因的研究还不是很丰富,纳尔逊等(Nelson et al.,1992)借助距离代替环境质量作为代理变量,研究了美国阿诺卡(Anoka)县垃圾处理厂附近的700多户房地产价格,结果显示,垃圾场对房地产价格产生了显著的负影响,每距离垃圾场增加1公里距离便会使房地产价格下降6%。唐斯(Downs,1993)指出市场条件的差异(如人口增速差异)会导致区域房地产价格不同。希尔顿等(Shilton et al.,1999)利用1985~1993年的NCREIF数据分析了区域房地产价格出现差异的原因,结果表明居民收入、城市交通完善情况和物业水平会显著影响区域间房地产价格,但人口数量、就业率并不是显著因素。朱迪斯·耶茨(Judith Yates,2002)认为收入极化效应是导致区域房地产价格波动和差异的重要原因,它使低收入家庭呈现出向非热点区域集聚,高收入家庭呈现出向热点区域集聚,从而导致区域间房地产价格发生巨大波动和差异。阿罗洛尔等(Ortalo-Magne et al.,2004)分析了英格兰和威尔士两个地区房地产交易量受宏观经济波动的影响,结果表明房地产需求差异是造成区域间房地产价格不同的关键因素。凯思杰克逊等(Cath Jackson et al.,2005)利用1981~2000年的面板数据,并将英国划分为伦敦、伦敦周边以及外围城市三大区域实证研究了区域间房地产价格差异形成的原因，结果显示，房地产市场的供给与需求、政府规划和房地产业发展水平是导致区域间价格差异形成的显著因素。伯克等（Burker et al.，2011）发现澳大利亚中心城区住房价格波动幅度比郊区要高，而导致两个区域住宅价格呈现反向波动的因素包括人口流动速度、地区经济发展水平和人口密度。伊伦费尔特等（Ihlanfeldt et al.，2014）认为住房供给弹性差异的形成主要是因为土地可用性的差异、当地财政情况和监管环境。利奥塔等（Liotta et al.，2022）基于全球192个城市样本数据发现住房价格与人口密度、城市规模和交通成本有着显性关系。

2. 国内研究现状

范克危（1999）通过综合研究房地产开发企业、商业用房、住宅、写字楼以及土地供给五个方面，构建了21个房地产相关指标，并将中国房地产市场分成四个子市场进行实证研究，结果表明我国房地产市场配置极不均衡，四个市场受21个房地产指标影响的程度也不尽相同。赵静等（2007）分析了南京市住宅价格变化特征，他指出房地产价格表现出显著的区域差异，中心城区的住宅价格由于区位优势明显高于其他区域住宅价格，与此同时中心城区对其他区域住宅价格有着较强的辐射效应。梁云芳等（2007）将我国31个省级行政区划分为东、中、西三大区域，构建误差修正模型实证研究了区域间房价波动差异及其形成原因。结果显示信贷规模长期和短期内都对东部和西部区域影响显著，人均GDP长期和短期内都对中部区域影响显著，房价预期只在短期内对东部区域影响显著。何鸣等（2009）从城市环境视角分析了区域间房地产价格差异形成的原因，他指出城市环境质量，特别是工业污染对房地产价格波动影响很大，与此同时城市交通情况、工业集聚程度和生产性配套设施完善程度对房地产价格也有显著影响。张凌等（2010）将我国35个大中城市划分为六大区域，构建城市与全国的房价缩约方程，实证分析了区域间房地产价格差异形成的原因，结果表明我国不同区域间房价呈现出弱的房价连锁反应，长期而言，除华东地区外的其他各地区房价和全国平均房价表现出稳定均衡状态，但是短期内各区域房价变化受全国性因素变动影响程度不同，其中华东地区房地产价格对来自利率和居民收入的影响最为敏感。杨辉等（2010）分析了货币政策和经济发展水平对房价的影响，结果显示人口结构、城镇化水平、经济发展水平和土地政策在长期内显著影响房地产价格。通货膨胀、利率、政府调控措施和信贷规模在短期内显著影响房地产价格。乔林等（2012）

利用 2000~2009 年面板数据研究了一二三线城市房地产价格差异的影响因素，结果表明居民可支配收入、人口、汇率和价格变化率带来的投资行为是影响一线城市房地产价格的重要因素；人口、价格变化率、汇率和房地产供给结构是影响二三线城市房地产价格的主要因素，其中人口对二三线城市房价影响的程度最大。张东等（2017）指出我国不同区域的住房供给弹性有着较大差异，对于缺乏弹性的地区，利率、人口以及人均 GDP 是影响住房供给弹性的关键因素；对于一般弹性的地区，建设成本及基础设施建设水平是影响供给弹性的主要因素；对于富有弹性的地区，利率、基础设施建设水平和人均 GDP 是影响供给弹性的重要因素。邓国营和田袁果（2023）指出我国房价的区域分化已经成为一个不争的事实，市场化程度的提升对房价有显著的推动作用，这一推动作用在房价较高的地区更强，一定程度上解释了我国房价的区域分化现象的内在原因。

（三）有关基础设施对房地产的影响研究

1. 国外研究现状

基础设施与房地产一直是学者关注的重点，斯托弗等（Stover et al.，1987）认为城市基础设施规模报酬递减的特征和土地供给等会造成可供开发的潜在土地价格的提高，从而增大新建住房的供给弹性，实证结果表明城市基础设施与新建住房开发间存在长期显著的正相关系。沙迪耶等（Shairzay et al.，1992）发现城市基础设施对房地产开发与房地产供给产生了积极作用，此外土地供给及信贷支持也提高了住房供给弹性。霍沃特等（Haughwout et al.，1997）研究了主城区基础设施投资对毗邻区域房屋价值的影响，结果显示，主城区的基础设施通过拓展城市已有边界来提升周边房地产价值，同时能够对不同地区的均衡发展起到积极影响。孙等（Suen et al.，2005）指出住房开发投资不足会造成城市某区域内出现新建住房低密度现象，但是通过增加该地区基础设施供给，能够吸引更多资本进入，从而提高该区域的住房密度，同时可以分摊该区域的基础设施成本，进而推动该区域基础设施的发展。布里茨克（Brietzke，2009）以南非德班市为例，分析了城市空间规划、公共住房投资与基础设施供给之间的关系，研究表明城市空间规划、社会性基础设施与住房开发之间有着密切的关联，而这种联系是影响和推动城市发展的主要因素。萨伽塔等（Saugata et al.，2010）指出房地产开发商或房屋所有者已经将城市基础设施配置作为独特销售卖点的重要部分，已有的基础设施配置会对周边区域的房地产价值产生很大影响。斯塔德尔曼等（Stadelmann et al., 2011）利用瑞士169个城市1998~2004年的面板数据构建 Tiebout—Oates 理论模型实证检验了房价、基础设施与土地供应之间的关系，结果表明基础设施带动了周边土地及住房价格，住房资本化效应明显存在。陈等（Chen et al., 2023）研究表明城市绿化对新加坡的住房价格有着显著影响，绿化面积与房地产价格的边际效应呈现正相关。

还有部分学者从轨道交通、教育与环境等方面单独分析其对房地产的影响。格里特等（Gerrit et al., 2001）运用特征价格法从波兰市轨道交通建成不同时点（1992~1995年）与不同阶段（规划前后）等方面对城市轨道交通时间效应进行了分析，研究结果表明越接近规划宣布时间，其土地价格增加越快，预期效应也越大。塞弗洛等（Cervero et al., 2002）通过研究不同范围的城市轨道交通对周边住宅价值增值效应的影响程度发现，轨道交通对距离最近站点房屋价格的影响范围为500~800米，而且小区距最近站点距离在500米内的房屋溢价效应更为突出。迈克巴克（Mikelbank, 2004）认为住房价值会因城市内部交通设施建设完善程度的不同而发生改变，从而间接影响到住房投资的区域分布。吉姆等（Kim et al., 2005）通过构建修改后的阿隆索租地竞价模型检验城市轨道交通与周边房地产价值的关系，结果表明城市轨道交通对中心区域的房地产价值有显著的提升作用。海德等（Haider et al., 2007）运用空间自回归模型分析了城市交通对房屋价格的影响，实证研究显示邻里特征、结构属性等可以有效解释83%的房屋价值的变化，同时交通基础设施越完善的地区房屋价值也越高。纳瓦罗等（Navarro et al., 2010）认为修建城市道路可以提升房地产价值（其中房产所有者认为能够提高21%~25%的价值，专业评估机构认为可以增加14%~15%的房地产价值），即完好的道路条件具有溢出效应，房地产价值提升所形成的财富效应也会增加住宅所有者对房屋的投资。艾弗特修斯等（Efthymiou et al., 2013）通过研究希腊公共基础设施与住宅价格的关系，发现轨道交通对沿线住宅价格产生了积极影响。但也有部分学者得出了不同结论。格佐夫等（Gatzlaff et al., 1993）通过研究迈阿密的轨道交通对住宅价值的影响发现地铁系统对周边房屋价格的影响很小。兰迪斯等（Landis et al., 1994）分析了加州地区地铁网建成效益与周边土地利用的关系，结果显示土地及房地产价格与距离最近地铁站点远近有着显著的负相关性，这可能与轨道交通线濒临重工业区及高速公路有关。鲍斯等（Bowes et al., 2001）研究了亚特兰大城市轨道交通，发现距离地铁站点0.25英里内的住宅价值比距离地铁站点 3 英里以外的住宅价值平均低 19%。挪贝等（Bae et al.，2003）通过特征价格模型分别对 1989 年、1995 年、1997 年和 2000 年的韩国首尔轨道交通 5 号线数据进行了分析，研究表明轨道交通 5 号线在开通前的三年 1989 年、1995 年及 1997 年对沿线房屋价格有着明显的积极作用，然而在开通 3 年后的 2000 年不再对周边房屋价格产生显著影响。杰努里奥等（Januário et al.，2021）发现公路和铁路交通基础设施对住房价格有着显著影响。

总体而言，轨道交通对周边土地及房地产价值产生正面效应主要是由于轨道交通的建成能够提高沿线地区的可达性，降低交通成本，从而促进沿线地区的经济与就业。负面效应则是由于轨道交通产生的负外部效应导致的，主要因素包括污染、噪声、犯罪率的增加等。

布莱克等（Black et al.，1999）构建了房地产价格与学区模型，结果表明教育质量与房地产价格间存在明显的线性关系。托马斯等（Thomas et al.，2006）对学校质量、社区以及房屋价格进行了研究，发现房屋价格在学校周边表现出系统化差异，虽然这种差异目前表现得并不十分明显。大卫等（David et al.，2004）采用特征价格模型分析了公立学校质量对住宅价格的影响，发现教师教学水平、学生毕业率等变量与住宅价格呈负相关关系。乔克等（Joke et al.，2000）通过对荷兰 8 个地区 3000 宗房地产交易进行整理，发现具有湖泊景观的花园能够使房地产交易价格增加 28%，而小区拥有好的视野能够提高 8%～10% 的房地产交易价格，同时房地产交易价格会随着景观种类的改变而发生变化。

2. 国内研究现状

王松涛等（2007）运用地理信息技术以最短距离指标来测算住宅对基础设施的通达性，并且构建特征价格模型来研究这种通达性对住宅价格的影响，结果表明住宅对公园、健身场所以及医疗设施的通达性要高于其对商业、文化和体育设施的通达性，城市基础设施的投资建设在某种程度上被资本化入房地产价格。周京奎等（2009）建立面板模型研究了基础设施投资对住房价格的溢出效应，结果显示基础设施投资对住房价格有显著影响，其中生态环境与交通投资对住房价格的溢出效应最大，而教育投资对住房价格的溢出效应更加稳定。李郇等（2010）以广州市为例探究了影响居民住房偏好的因素，发现广州市市民对城市中心区位、完善的交通、小区景观等因素有着持续上升的偏好。秦俊武（2013）建立误差修正模型研究了城市基础设施对住房开发投资的影响，结果表明基础设施投资对房地产开发投资存在长期约束效应。张东等（2014）利用1998~2010年省级面板数据进一步研究表明这种约束效应是通过"区位再造"过程完成的，且这种区位选择在短期内对当前城市基础设施的建设程度依赖不高。俞薇等（2015）又进一步探讨了城市基础设施资本存、流量的配置差异对房地产投资空间分布的影响，结果表明在相同区域，房地产开发投资空间分布受城市基础设施资本流量的影响远远超过资本存量的影响。张东等（2017）运用我国35个大中城市数据构建动态面板模型研究了基础设施在商品住房中的资本化程度，结果表明基础设施投资规模与商品房边际价格间没有显著关系，基础设施投资的住房资本化效应并不十分明显，住房价格对基础设施建设的评价功能受到限制。李菁等（2018）利用我国1997~2015年省级面板数据构建面板模型研究了交通基础设施对房地产开发投资空间分布的影响，并进一步检验了不同区域的交通基础设施建设条件对我国房地产开发投资差距的作用，结果显示交通基础设施的区域配置差异显著影响着房地产开发投资空间的分布。

还有部分学者专门分析了轨道交通对房地产的影响。叶霞飞等（2002）、王霞等（2004）采用区域控制比较法分别对上海和北京市进行开发利益测算，结果显示轨道交通对周边房地产价值产生了显著影响。陈有孝等（2005）构建资产价值模型试算了北京地铁13号线沿线的物业溢出价值，指出轨道交通投资效益会发生外溢，对沿线房地产价格有积极作用。李铖等（2008）采用特征价格模型研究了1989~2005年上海地铁对周边土地利用的影响，发现轨道交通提高了城市土地利用程度，同时推测未来住宅等人工景观面积会有所增加。谷一桢等（2010）以北京地铁13号线为例实证研究了轨道交通对沿线房地产价值变动的影响，结果表明该影响与需求方的特点、距离地铁站的距离和到城市中央核心区的距离等因素有关。周璞等（2012）通过运用GWR的特征价格方法对武汉地铁2号线进行研究，结果表明城市轨道交通对住宅价格的影响具有空间非平稳性，城市轨道交通对远城区住宅价格影响程度尤为明显。徐杨菲等（2014）基于开发商利润最大化角度，运用理论模型分析了城市轨道交通溢价对开发强度的影响，结果发现轨道交通在房屋市场与土地市场产生的溢价差异越大，则房地产商的最优容积率也会越大。王伟等（2014）通过建立半对数形式的特征价格模型研究了天津轨道交通1号线和9号线对周边房地产价值的空间效应，结果表明距离中央商务区这一变量对住宅价格起主导作用，距离中央商务中心越远房屋价值越低，由此可见，区位因素依然是影响住宅价格的关键因素。刘康等（2015）通过特征价格模型进一步验证了轨道交通确实对房地产价值（价格或租金）产生了积极的影响，且住房价格随着与地铁站的距离远近不同而发生变化，这种变化呈倒"U"形，在距离站点约320米时住房价格变动影响程度达到最大。苏亚艺等（2015）通过建立不同"参照区"进行对比分析，研究城市轨道交通建成前后不同时期对中心城区和远城区间房价梯度的作用，发现轨道交通对中心城区与远城区间的房价梯度起到了"缓冲器"作用，并且在研究期内，城市轨道交通周边的房价梯度表现出先快速扩大再迅速缩小的倒"U"形结构。杨军等（2022）发现轨道交通附近的楼盘价格由自身价值和供求关系决定，同时受到轨道交通建设的影响，并且其影响具有时空特征。

近些年，随着我国轨道交通大规模修建，越来越多的学者开始关注城市轨道交通对土地与房屋价格的影响，但是研究多是以定性方法为主，定量研究较少。对于不同的地区，城市轨道交通对周边土地及房屋价格的影响半径与幅度有着明显的差别。

（四）对相关文献的述评

尽管国内外学者在基础设施的空间效应及对房地产市场的影响等方面进行了一定研究，取得了丰硕成果，但现有文献仍存在以下不足：

（1）已有文献在探讨基础设施与房地产间关系时大部分都集中在房地产价格影响方面。仅有的一些有关交通基础设施与房地产间的关系研究，也多是从地铁、轻轨等城市轨道交通视角出发分析二者的关系，例如，轨道交通对土地价值影响研究、轨道交通对住房价值影响研究及轨道交通对物业价值影响研究等几个方面，而研究交通基础设施对房地产开发投资总量、空间结构以及区域配置等影响的文献还不够丰富。

（2）受要素流动、地区贸易与协作及区域经济的影响，处于同一市场、地区或国家的房地产开发投资往往存在相互关联、相互约束的"空间效应"，但已有文献多是研究本地区基础设施对房地产的影响，很少注意到房地产开发投资的"空间效应"，从而忽视了本地区基础设施对其他地区房地产开发投资的影响，以及本地区房地产开发投资对其他地区房地产开发投资可能产生的"挤占效应"。

（3）当前我国房地产开发投资呈现出非常规空间聚集现象，而目前有关房地产开发投资区域配置的研究多是集中在讨论区域住房价格差异方面，较少涉及房地产开发投资内部的结构安排，尤其对房地产开发投资区域配置现状、特征总结及其产生的机理等方面的研究仍旧不够丰富，也欠缺对其空间集聚程度进行准确的度量。

（4）现有关于基础设施的空间效应研究主要集中在其对区域经济的空间效应方面，研究方法主要是利用时间序列数据或面板数据构建生产函数模型，大多采用静态面板计量方法估计，无法很好地解决内生性问题，虽然近些年也有部分文献运用了空间计量方法，但多是从地理邻近角度构建空间权重矩阵，未考虑从经济发展水平或人口等因素构建空间权重矩阵，因此实证结论也容易产生偏误。

（5）已有关于交通基础设施对房地产价格影响的研究，研究方法多是采用特征价格法或者控制比较法等分析轨道交通线路上所有站点对房地产价值的平均影响范围，而不能测算出每个站点的影响范围。控制比较法虽然简单直接，但是由于其他条件很难控制一致，结论会产生一定偏误。特征价格方法是基于房地产商品的差异属性特征构建的，利用多元回归分离出各个特征变量的影响，从而凸显轨道交通的作用。但此种方法对数据要求比较高，需要收集完整的变量数据。并且大多数分析都缺乏运用规范的计量方法，目前，空间统计计量方法能够较好地研究房地产空间问题，因此结合地理加权回归的特征价格方法将是一种新的趋势。

三、研究内容与研究方法

（一）研究内容

本书以交通基础设施对房地产开发投资变动影响为主线，依照提出问题、理论回顾、机理分析、实证分析、结论总结的基本逻辑，研究交通基础设施对房地产开发投资规模、区际区位结构以及房地产城市内部区位结构的影响。本书研究框架如图0-1所示。

本书主要内容如下：

导论。拟阐述本书的研究背景和意义，在对国内外相关文献进行梳理与述评的基础上提出本书的研究内容、方法、创新点及不足。

第一章，核心概念界定及理论基础。对本书核心概念进行界定，确定研究边界，阐述相关基础理论，主要包括地租理论，空间结构理论，集聚、扩散与空间相互作用理论。

第二章，交通基础设施对房地产开发投资变动影响的机理分析。首先分

```
提出问题 ──→ 导论 ──→ 研究背景及意义、文献综述、内容与方法、创新及不足

理论回顾 ──→ 相关理论回顾 ──→ 回顾与总结了地租理论、空间结构理论和集聚、扩散与空间相互作用理论

机理分析 ──→ 交通基础设施对房地产开发投资变动影响的机理分析 ──→ 从交通基础设施对房地产开发投资影响的根源剖析、三大路径分析以及作用效应这三个方面梳理具体的影响机理

实证分析 ──→ 交通基础设施对房地产开发投资变动影响的实证分析 ──→ 中国交通基础设施与房地产开发投资发展演化及空间格局分析
交通基础设施对房地产开发投资总量及时间效应检验的实证研究
交通基础设施对房地产开发投资区际结构及溢出效应的实证研究
交通基础设施对房地产开发投资城市内部区位结构的实证研究

结论总结 ──→ 结论与政策建议 ──→ 总结研究结论，并提出政策建议
```

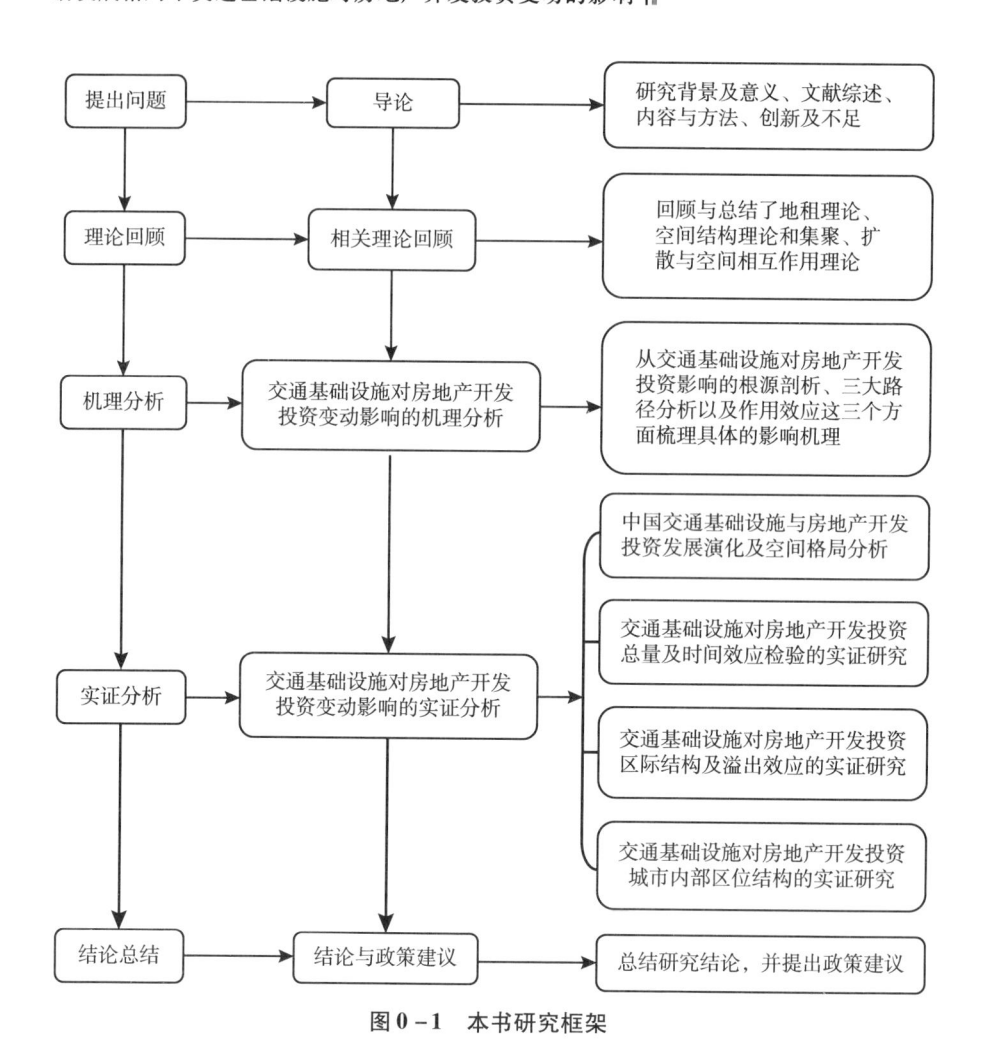

图 0-1　本书研究框架

析交通基础设施对土地租金、城市工资收入、专业化分工以及房地产价格的影响，揭示交通基础设施影响房地产开发投资的内在机理；其次分析交通基础设施影响房地产开发投资变动的三条路径；最后分析交通基础设施影响房地产开发投资变动的效应。

第三章，中国交通基础设施与房地产开发投资的发展演化及空间格局分析。对我国交通基础设施与房地产开发投资的发展演化过程进行梳理，同时运用历史数据剖析它们的发展特征及空间格局。在此基础上，分析交通基础设施与房地产开发投资变动的共性与差异，找出二者的现实关系。并运用莫

兰指数对交通基础设施与房地产开发投资空间非常规集聚程度进行测度。

第四章，交通基础设施对房地产开发投资总量变动影响。利用30个省级（西藏自治区数据缺失）面板数据构建 Panel-var 模型，运用协整检验、脉冲响应函数及 Panel-granger 因果检验，分析交通基础设施对房地产开发投资的影响程度；运用面板数据构建面板误差修正模型，分析交通基础设施对房地产开发投资影响的时间效应。

第五章，交通基础设施对房地产开发投资区际区位结构变动的影响。运用我国省级面板数据，按照官方划分方法将我国31个省级区域首先划分为东部、中部和西部三大区域，构建动态差分 GMM 面板模型，实证分析交通基础设施对房地产开发投资区际区位结构的影响。其次，分华东、中南、华北、西南、东北与西北六个大区，构建固定效应面板模型进行稳健性检验。最后，构建多维空间权重下空间杜宾模型，引入交通基础设施二次项来控制其非线性影响，实证研究本地区交通基础设施对其他地区房地产开发投资的溢出效应，以及本地区房地产开发投资对其他地区房地产开发投资可能产生的"挤占效应"。

第六章，交通基础设施对房地产开发投资城市内部区位结构变动的影响。以武汉市轨道交通6号线站点周边二手住宅市场为例，分别从距地铁站点不同距离范围及影响程度和分市场及影响程度两方面实证检验交通基础设施对房地产开发投资城市内不同区域结构影响。

第七章，研究结论、建议及展望。在总结本书研究结论的基础上，提出有关房地产供给侧结构性改革的政策建议，包括重视交通基础设施投资对房地产开发资源配置的导向作用；制定基于交通基础设施发展现实禀赋差异的调控政策，确定符合交通基础设施与房地产市场发展规律的调控目标。

（二）研究方法

1. 理论分析方法

本书对交通基础设施与房地产开发投资相关概念以及研究边界进行了界定，并分析了交通基础设施影响房地产开发投资变动的理论基础与实现机制。在此基础上，进一步对交通基础设施约束下房地产开发投资总量、区际区位结构以及城市内部区位结构进行理论分析，试图为后续实证研究提供理论支持。

2. 实证研究方法

本书在研究交通基础设施对房地产开发投资总量变动影响程度与时间

效应时，运用了面板向量自回归模型和面板误差修正模型；在研究交通基础设施对房地产开发投资区际区位结构变动影响时，采用了动态差分 GMM 模型、面板固定效应模型和空间杜宾模型；在研究交通基础设施对房地产开发投资城市内部区位结构变动影响时，采用了结合地理加权回归的特征价格模型。

3. 比较分析法

本书在分析我国各地区交通基础设施发展水平差异、房地产开发投资区域配置差异时运用比较分析法分析二者的共性与差异。在进行房地产开发投资区际区位结构变动实证检验时，运用比较分析法分析交通基础设施对我国三大区域及六大区域房地产开发投资区位结构变动的影响程度差异。

四、创新与不足

（一）创新

（1）本书运用地租理论，空间结构理论，集聚、扩散与空间相互作用理论，系统研究了交通基础设施对房地产开发投资变动的内在影响与机理，分别从房地产开发投资总量、区际区位结构以及城市内部区位结构三个方面揭示了交通基础设施对房地产开发投资变动影响的传导机制。目前已有文献主要研究基础设施对房地产价值的影响，但有关基础设施对房地产开发投资总量、空间结构以及区域配置影响机理的分析相对欠缺。

（2）运用面板向量自回归模型及面板误差修正模型分析交通基础设施对房地产开发投资变动的影响程度和时间效应。此模型不仅有传统 Var 模型的优点，且在加入面板数据后允许模型存在个体效应和时间效应，能更好地反映各变量间的内在联系。目前国内外学者多是采用传统向量自回归模型从总体上研究二者的关系，而我国交通基础设施和房地产开发投资的发展存在明显区域差异，仅仅运用全国的时间序列数据进行实证不能充分揭示这种差异性，仅利用面板模型则无法通过数据的本质来揭示出变量之间的内在关系。

（3）本书运用莫兰指数对交通基础设施与房地产开发投资空间非常规集聚程度进行测度，并进一步运用省级面板数据构建多维空间权重下空间杜宾模型，引入交通基础设施二次项来控制其非线性影响，实证检验交通基础设施对我国房地产开发投资的溢出效应。即本地区交通基础设施对其他地区房地产开发投资的影响,以及本地区房地产开发投资对其他地区房地产开发投资可能产生的"挤占效应"。而现有文献对房地产市场的空间效应关注不够,少量采用空间计量方法研究房地产空间效应的文献也多是从地理邻近角度构建空间权重矩阵,未考虑从经济发展水平或人口等因素构建空间权重矩阵,实证结论容易出现偏误。此外,现有文献也欠缺对空间集聚程度进行准确的度量;交通基础设施产生的溢出效应存在非线性关系,而现有文献大多采用简单的线性分析方法。

(4) 本书采用结合地理加权回归的特征价格方法,以武汉市轨道交通六号线为例,随机搜集了589个二手房交易数据,按照武汉市行政区域的划分,将其分为中心城区与主城区两个市场,研究交通基础设施对房地产开发投资城市内部区位结构变动的影响。目前国内外运用规范计量方法对此问题进行研究的文献较少;现有的研究更少关注到分市场效应;所研究的区域也多是北京市、上海市。因此,本书的研究带有"试水"的特点。

(二) 不足

(1) 本书未考虑交通基础设施存量与流量对房地产开发投资约束的差异性,也未分析二者对房地产开发投资空间配置的影响。

(2) 本书只重点分析了房地产开发投资的总量、区位结构及溢出效应,缺乏对交通基础设施约束下的房地产开发投资风险以及房地产开发投资类型结构的分析。

(3) 本书缺乏利用国外发达国家基础设施与房地产开发投资的发展经验来指导我国交通基础设施与房地产开发投资实践。

第一章　核心概念界定及理论基础

第一节　核心概念界定

基础设施范围广泛，不同类型的基础设施对房地产开发投资变动的影响程度存在差别，很难面面俱到分析。为了更好地研究交通基础设施对房地产开发投资变动的影响程度及机理，本书需要界定基础设施、交通基础设施及房地产开发投资变动等的概念和特性。

一、基础设施

（一）基础设施的概念

关于基础设施的研究可以追溯至亚当·斯密（Adam Smith，1776）有关港口等基础设施对经济发展影响的研究。20世纪40年代中后期，发展经济学家对基础设施展开了系统研究。罗森斯坦·罗丹（Rosenstein-Rodan，1943）指出基础设施是包含交通运输、电力及通信在内的全部基础工业。基础设施属于社会先行资本，是推动经济发展和工业化进程的关键。赫希曼（Hirschman，1958）进一步扩展了基础设施的外延，将交通及水力发电等定义为狭义的基础设施，而教育、法律、秩序、通信、动力、供水等公共服务划为广义的基础设施。舒尔茨（Schultz，1962）将基础设施划分为核心和人文两大部分，其中交通及电力属于核心基础设施，卫生及教育等属于人文基础设施。

随着研究的不断深入，基础设施的内涵越来越清晰，外延也在不断地拓展。世界银行在《1994年世界发展报告：为发展提供基础设施》中对基础设施进行了明确的界定，将基础设施分为经济性和社会性两类，其中公共事业（电信、电力、供水、排污系统等）、公共工程（大坝、灌溉等）和交通部门（海港、铁路等）属于经济性基础设施；环境保护、体育及医疗保健等属于社会性基础设施。[①]

20世纪80年代后，国内学者也开始对基础设施进行研究。钱家骏等（1981）较早对基础设施进行系统研究。他认为基础设施是为社会上的商业机构生产提供基础性服务的各个部门和设施，基础设施有狭义和广义之分：广义基础设施指由政府提供的，为所有生产、生活提供服务的各个有形或无形产品的部门，包括交通、能源等生产性基础设施和教育、文化等非生产性基础设施总和；狭义基础设施专指只为生产提供服务的部门，即生产性基础设施。于光远（1992）指出基础设施是为社会上所有生产和流通等机构提供服务的部门。高新才（2002）扩展了基础设施含义，将其定义为物质性和制度性两类，认为物质性基础设施对生产要素的可利用性起到一定影响作用，制度性基础设施对利用效率起到影响，两者之和才是最为准确的广义基础设施。

总体而言，国内外学者对基础设施有着不同的认识，不同学者研究的视角和侧重点不同，对基础设施有着不同界定。本书认为，基础设施是一个国家或地区进行所有经济活动的基础，是为众多部门和居民生活提供基础性服务的部门和设施。本书依据世界银行《1994年世界发展报告：为发展提供基础设施》中的分类，将基础设施划分为经济性和社会性两类。本书的研究对象为经济性基础设施。

（二）基础设施的特性

尽管国内外学者对基础设施概念的界定不尽一致，但对基础设施的特性却有着基本共识：

1. 基础设施具有先行性和基础性

社会上所有商品和服务的生产都需要依赖基础设施所提供的公共服务，一旦缺失这些公共服务，那么社会直接生产经营活动就无法正常进行，社会生活也无法正常维持。基础设施是社会直接生产部门从事生产或提供服务的基础性条件。基础设施提供的公共服务和产品是社会上其他部门生产及再生产过程中必不可少的投入品。基础设施提供的公共服务和产品的价

[①] 世界银行.1994年世界发展报告：为发展提供基础设施[M].北京：中国财政经济出版社，1994.

格，构成了社会上其他部门生产产品或提供服务的成本。

2. 基础设施具有整体不可分性

一般而言，基础设施是紧密联系，相互依存，密不可分的整体，基础设施的规模只有到达一定程度时才能够为社会上其他生产部门提供有效服务。基础设施往往需要同时建设，单位规模较大，投资需要量大，交通基础设施投资尤其如此。例如，修建机场等基础设施，不能只建设航空客运站，必须同时修建塔台、停机坪、跑道等其他设施才能使机场发挥作用，否则机场无法投入运营。

3. 基础设施具有公共品的属性

根据经济学对社会产品的定义，基础设施属于公共产品。公共产品有纯公共产品和准公共产品两种类型。纯公共产品指任何人对某种产品消费后并不会减少其他人对同一产品的消费，它主要具有非竞争性和非排他性两个特征。非竞争性指产品的生产成本不会由于消费者人数的增加而发生变化，即边际成本和边际拥挤成本都为零，如国防、司法等基础设施不会因为一段时间内增加或减少人口而发生改变。这个特征决定了增加该产品的消费者并不会改变该产品的成本，也不会影响任何消费者的消耗量，它在消费上是没有竞争性的。非排他性指任何人对某种产品消费后无法阻止或排斥他人对其进行消费或享受该产品的利益。如教育基础设施，对于同一班级的学生，A 在接受教育（消费教育）的时候无法排斥或阻止 B 听课。该特征表明任何人在消费基础设施提供的服务时无法将他人排除在外。准公共产品则是介于纯公共产品和私人产品之间的一个概念，它相较于纯公共产品而言某些性质发生了改变，它是只具有非竞争性或非排他性两种特征之一的公共产品，如交通基础设施就属于典型的准公共产品。

二、交通基础设施

（一）交通基础设施的概念

交通基础设施属于经济性基础设施，是能够直接为各部门生产活动和居民生活提供基础性服务的生产性经济基础设施，具有基础设施的一般特性，但其概念到目前为止还未得到学术界共识。亚当·斯密（1776）是最早开始研究交通基础设施的学者，他认为交通的发展有助于拓展市场的范围。由于他那个年代各国和地区间的贸易往来主要依靠水上交通，他主要研究了水上交通基础设施。杨立波等（2006）指出交通基础设施能够推动国家和地区间物资和人口流动，为社会生产和居民生活提供支持性及基础性的服务，是一个庞大而复杂的系统。他从运输方式的视角界定交通基础设施的范围包括公路、铁路、水路（港航）、管道等。姚影（2009）分别从集聚经济学、发展经济学和交通资源三个视角对交通基础设施进行了定义：集聚经济学角度认为交通基础设施属于城市范围内被居民生活和社会生产共享的生产性投入性的公共资源；发展经济学角度认为交通基础设施是维持社会经济活动正常运行的基础，能够为国家和地区间货物与人口的流动提供物质载体；交通资源的角度认为交通基础设施是城市范围内大部分由政府先行提供，对社会经济发展起到促进作用的公共资源。叶昌友等（2013）研究了交通对经济增长影响时，将其划分为交通基础设施和交通运输业，前者包括了铁路、公路、民航及水运等，后者则由公路和铁路货运周转量等指标表示。

本书中的交通基础设施指为社会生产和居民生活提供基础性服务，在空间上实现货物与人口转移的物质载体，直接影响社会经济活动的交易成本，并大部分由政府提供的具有准公共物品属性的公共资源。按运输方式不同分类，交通基础设施主要包括公路、铁路、航空及水运等。其中，公路和铁路是我国交通运输的主体，二者承担的全社会货运和客运量分别高达85.7%和86.9%以上[1]，为我国经济发展贡献较大，而水运和航空贡献相对较小。本书以研究公路和铁路为主。

测度交通基础设施的指标主要有两类：一类是借助交通基础设施公共投入进行替代；另一类是用交通基础设施存量进行替代。格拉姆里奇（Gramlich，1994）指出用交通基础设施公共投入来代表交通基础设施存在诸多问题：一是交通基础设施公共投入为流量指标；二是很多交通基础设施并不是由公共投入产生，而是借助私人投资完成的。所以，用公共投资来代理交通基础设施可能产生系统性的测量误差。为了避免公共投入替代交通基础设施可能带来的诸多问题，本书沿用德米尔热（Demurger，2001）、弗莱舍等（Fleisher et al.，2009）、刘生龙等（2010）、叶昌友等（2013）、董洪超等（2017）等的做法，用交通密度来衡量，即用公路和铁路里程之和除以相应省份国土面积。该指标能够反映实际投入经济活动中的交通基础设施资源量。其中公路密度以公路里程除以相应省份国土面积表示，铁

---

[1] 叶昌友，王遐见. 交通基础设施、交通运输业与区域经济增长——基于省域数据的空间面板模型研究[J]. 产业经济研究，2013，(2)：40-47.

路密度以铁路营业里程除以相应省份国土面积表示。

（二）交通基础设施的特性

交通基础设施不仅拥有基础设施的一般特性，还具有自身的特殊属性，主要包括以下几点。

1. 交通基础设施的外部性

交通基础设施属于生产性的经济基础设施，具有准公共产品属性，它具有一定的非竞争性或非排他性的特征。如公共道路由于路面宽度受限，A车行驶在该路面的特定路段时会占用这一路段而将其他车辆排斥在同一路段上，否则就会造成道路拥堵，因此公共道路的非排他性是不显著的。但其具有明显的非竞争性，比如车辆行驶的速度与某人出价无关，一旦道路发生拥挤现象，无论出价高低都会停留在拥堵路段上，且当公共道路的设计车流量还未到达时，增加车的行驶数量并不会造成道路成本的增加，其边际成本为零。

交通基础设施作为准公共产品具有外部性特征，包括正外部性和负外部性。交通基础设施的正外部性主要体现在随着运输成本的降低为其他经济活动主体带来的额外收益，如交通成本的降低可促进货物与人员的空间流动，扩大劳动力和产品的市场等。交通基础设施的负外部性主要体现在交通发生拥挤时造成的附加时间和运营成本的提高，交通基础设施建设和运输过程中造成的环境影响，交通事故带来的人员或财产的损失等方面。

正是由于交通基础设施有着显著的正外部性，因此它对经济增长有着支撑和促进作用，形成了经济先导性特征。很多国家将其作为拉动经济的重要手段，如2008年的金融危机，我国为了刺激萎靡的经济而实施的一揽子计划，其中一大半投资都集中在交通基础设施建设中，这一举措为我国成为最早一批摆脱金融危机影响的国家发挥了重要作用。2011年欧债危机的到来使得经济又进入了严重下滑困境，为了复苏经济，我国各地方又进一步扩大了交通基础设施投资。交通基础设施已然成为各国促进经济发展走出困境的重要措施，如日本为了摆脱第二次世界大战后经济萧条的现状，大力投资交通基础设施建设，1953~1958年这5年间，日本投资到运输通信部门的资金占整个公共投资的比重高达19.2%，随后1960~1970年这10年间该比重又飞速提升至44.6%，正是由于这一时期大规模的投资建设交通基础设施，为日本经济的持续发展提供了很好的基础条件，也使日本仅用4年时间人均国民收入就从2 000美元的水平提升至4 000美元，快速成为中等发达国家。交通基础设施滞后发展将会给经济增长带来"瓶颈",如20世纪60年代中后期伊朗GDP的年均增长率超过11%,人均收入增长至400美元,经济发展趋势一片光明,但由于政府没有重视交通基础设施的发展,使得落后的交通基础设施无法支撑起经济发展的重担,经济高速增速"昙花一现"后随即进入混乱状态,交通基础设施的滞后发展成了当时伊朗经济腾飞的"绊脚石"。

2. 交通基础设施的通达性

通达性也可称作可达性,最早由英国学者汉森(Hansen,1959)提出,指交通网络中每个节点间互相作用的机会大小。约翰斯顿(Johnston,1994)从人文地理学角度将通达性定义为用来揭示各种社会现象(如城镇的发展、土地使用等)发生空间结构变化的原因。杨家文等(1999)指出通达性是一个地方与另一个地方间彼此到达的难易程度。不同学者从不同的研究视角对通达性的含义有着不同界定,但总体而言,通达性是指社会经济活动主体使用某种特定交通系统方式从某一区域(节点)到达特定区域(节点)的便捷程度。从空间视角而言,交通通达性体现了某一区域(节点)与其他区域(节点)产生空间相互作用的难易程度。通常认为,通达性越高,则表明某一区域(节点)与其他区域(节点)间更加容易的相互到达,反之则表明两区域(节点)间互相难以到达。

国内外学者从未间断过对交通基础设施通达性的研究,古铁雷斯等(Gutierrez et al.,1996)表明高速铁路的发展会有利于城市间通达性的提高。另有学者指出跨海大桥及海峡隧道的不断兴建会出现时空压缩效应(Zhang et al.,2007)。李乐乐等(2014)认为西安市的道路通达性表现出显著的空间分异现象,并主要以单中心多圈层结构显现。梁宇等(2017)表示我国通达性中心主要位于以京津冀、长三角城市群及成渝都市圈为顶点构成的三角形范围内。

交通基础设施通达性具有三个方面的特征:一是拥有空间特征,通达性用来表明社会经济活动主体在空间上冲破距离限制发生相互作用的难易程度,同区位、空间尺度等概念密不可分。二是拥有时间特征,社会经济活动主体利用交通系统完成空间上的彼此到达,其中通行时间作为交通运输里关键的阻抗因素常常也被用作考量交通成本的重要因素,是测度空间距离的单位。三是通达性能够体现交通节约的经济价值,通达性的改善能够反映货币和时间节约的经济价值,这也表明通达性越好的地区越具有吸引力,则该区域的经济价值也越显著。

3. 交通基础设施的门槛特性

门槛指某事物发展超过某一数值时其发展规律会发生重大改变的这一临界值（限度或界限）。交通基础设施拥有门槛特性，是由于交通基础设施的整体不可分性特点决定的，主要体现在以下两个方面：一是交通基础设施的规模只有达到一定程度时才能为社会上其他生产部门提供有效服务，因此交通基础设施往往规模较大，投入资金较高。二是交通基础设施具有资产专用性，交通基础设施对空间、地域有着很强的依赖性，一旦投资建设后便在空间上无法挪动，因此交通基础设施几乎没有残值，投资成本呈现沉淀性，与此同时它对土地的固着性和依赖性使得交通基础设施投资建设与土地利用密切相关，随着交通基础设施的不断投资建设，通达性提高，地区间货物、人口的流动更加自由，会对当地土地价格、住房价格及经济效益有着直接影响。因此，交通基础设施的生产成本在长期变动过程中表现出明显的门槛特性。

部分学者认为交通基础设施的门槛特性在其与经济集聚之间会呈现出非线性关系，表现出门槛效应。刘明等（2013）研究交通基础设施与区域经济发展之间关系时，发现二者间存在明显的双门槛效应。宋英杰（2013）用省级面板数据再次证实了交通基础设施确实对经济集聚有着门槛效应。还有学者发现交通与我国经济增长之间存在门槛效应，并且有些地方已经超过了门槛阈值（Taotao et al., 2014）。陆根尧等（2015）指出交通基础设施与经济集聚间呈现出非线性关系，并用浙江省69个县级市面板数据实证表明交通基础设施对该省经济集聚的作用存在明显的三重门槛效应，当交通基础设施供给突破第一个阈值时其将对浙江省经济集聚有着更大的推动作用，随后随着市场拥挤效应的作用而使得这种影响降低。

4. 交通基础设施的网络性

交通基础设施属于典型的网络基础设施，它构成了点与点、面与面、点与面之间性能联系的桥梁，实现了各种生产要素和商品在空间与区域间的转移，换句话说，交通基础设施生成的网络体系是区域经济空间的"脉络"。点、线、面是形成空间结构的根本要素，人类进行的一切经济活动（如生产、交换或消费等）都必须通过由点、线、面构成的空间物质实体作为载体。因此，交通基础设施形成的网络体系不仅可以用来显示经济发展的空间联系，而且还可以呈现出这些联系间的依托关系。

交通基础设施形成的网络结构体系服务的主要对象包括人员、材料、货品等，因此其往往呈现出较强的经济属性。荣朝和（2001）系统论述了交通基础设施所具有的规模、范围及网络经济的定义和相互关系，并提出网络经济是阐明在规模和范围经济共同作用下，运输总产出增加而造成的运输平均成本逐渐降低的一种现象。李海东（2004）表示高速公路形成网络结构体系相互联通后会比单纯连接两地的高速公路有着更明显的经济效益。一般而言，交通基础设施的规模、范围和网络经济中，网络经济效应是最基本的，它会约束和影响其他两种经济的作用。随着交通基础设施网络结构体系的扩大，任一节点到其他节点或多个节点之间的相互作用愈发便捷和经济，从而进一步影响着社会经济资源的空间分布情况。因此交通基础设施的网络经济性只有在形成了一定规模的网络结构体系时才能对经济造成影响。

一般而言，交通基础设施的网络特性表现出以下三层含义：一是社会各种生产要素在空间上形成的集聚与扩散都必须依托交通网络这一空间经济联系的实物载体来实现。即点与点、面与面、点与面之间的空间经济联系必须以交通网络为支撑。二是交通基础设施网络实质上是空间经济联系的一个体系，点与点、面与面、点与面之间各个有序的物质和非物质的相互作用关系形成了网络系统的基础，具体体现在经济、技术和文化等方面在区域、城镇、城乡以及部门之间的相互联系。其中这个体系是交通基础设施网络产生的实质内容，通道则是网络表现的空间形式。三是交通基础设施网络形成的空间经济联系体系主要有两种组织机构形式，一种是呈现多层次、多方式的空间经济网络联系的运营和管理组织机构，另一种是为了提高空间经济网络联系而生成的生产要素流动和产业运销的市场机制。

正是因为交通基础设施有着明显的网络性，随着交通基础设施网络结构体系的不断发展，其网络效应发挥着巨大作用，区域间运输成本逐渐下降，服务质量不断提升，节点间通达性也随之提高，这在很大程度上促进了生产要素在区域间的流动，直接影响着土地等不可移动要素的需求曲线和空间成本。

三、房地产开发投资

（一）房地产开发投资的概念

房地产开发投资主要指房地产开发企业、商品房建设企业和其他房地产开发法人以及附属于其他法人但实际上从事房地产开发有关活动的企业开发建设包括住宅、厂房、仓库、酒店、宾馆、办公楼、度假村等房屋建筑物以及配套的服务设施。房地产开发投资是资本所有者为了在未来获得预期的经济收益而将自身拥有的资本投入到房地产开发、建设、经营和中介服务等领域的一项经济活动。

房地产依据不同划分标准有着不同的分类，本书按照用途将房地产划分为四类，包括居住房地产（也称作住宅房地产，包含普通住宅、公寓、别墅等）、办公房地产（办公楼）、商业房地产（包含商场、饭店、旅馆、购物中心等）以及其他房地产（包含工业厂房、寺庙等）。其中，居住房地产和商业房地产的投资总和占所有房地产投资的比值非常高，高达90%以上。本书研究的房地产开发投资是指住宅和商业房地产，选用的指标是统计年鉴中住宅和商业房地产开发投资额。1997~2021年各类房地产新开工房屋面积占比如表1-1所示。

表1-1　　　　　　1997~2021年各类新开工房屋面积占比　　　　单位：%

年份	住宅	办公楼	商业营业用房	其他
1997	78.40	6.22	10.43	4.96
1998	81.60	4.27	9.51	4.61
1999	83.25	3.06	9.74	3.95
2000	82.48	3.04	10.26	4.22
2001	81.65	2.87	10.98	4.50
2002	81.12	2.93	11.51	4.44
2003	80.16	2.68	12.26	4.90
2004	79.37	2.82	12.90	4.92
2005	81.08	2.46	11.28	5.19
2006	81.26	2.69	10.69	5.35
2007	82.59	2.24	9.53	5.63
2008	81.56	2.41	9.79	6.24
2009	80.14	2.46	10.66	6.74
2010	79.05	2.24	10.68	8.03
2011	76.95	2.82	10.84	9.38
2012	73.70	3.38	12.41	10.51

续表

年份	住宅	办公楼	商业营业用房	其他
2013	72.48	3.42	12.87	11.22
2014	69.53	4.09	13.95	12.43
2015	69.05	4.25	14.59	12.11
2016	69.44	3.84	13.37	13.35
2017	71.70	3.44	11.47	13.40
2018	73.25	2.91	9.54	14.30
2019	73.72	3.12	8.34	14.82
2020	73.22	2.94	8.03	15.81
2021	73.60	2.63	7.09	16.69

注：为方便统计表中数据统一保留小数点后两位，因此合计有可能不是100%。
资料来源：Wind 和 EPS 全球数据库。

本书所谓的房地产开发投资变动，不仅指房地产开发投资规模或总量的变化，还包括房地产开发投资区位结构的变动。房地产开发投资区位结构可以从宏观与微观两个层面进行考察：宏观层面的房地产开发投资区位结构指不同国家间、不同省份间、不同城市间房地产开发投资的数量比例及其数量比例。微观层面的房地产开发投资区位结构指城市内部的不同区域房地产开发投资的数量比例。区域依据不同的空间特质划分，也可按照现行的行政区划分，还可遵循政府规划中的地理区划分。[①] 房地产空间区位的形成有两种不同：一是不同地区或城市内部不同区域由于存在先天性的"地理禀赋"差异，从而形成了独有的"先天区位优势"；二是通过人们对城市的改造导致地理、人文、经济等环境发生改变而构成的"再造区位优势"。张东等（2014）指出"先天区位优势"是城市的自然属性，无法更改，但"再造区位优势"是由人的行为造成的，是构成城市区位优势的关键因素，不过"先天区位优势"是"再造区位优势"的形成基础。

---

① 例如，武汉市，武昌、汉口和汉阳就是传统意义上的拥有不同区域特质的地理区划分；而武昌、汉口和汉阳各自又具备不同的行政区划分，如汉口下属的行政区有江岸区、江汉区、硚口区等。而经济技术开发区则属于遵循政府规划的功能区划分。

(二) 房地产开发投资的特征

1. 投资对象的不可移动性

房地产开发投资的对象往往是土地及地上附着物、建筑物和附属设施，它们是固定的，在空间上不可移动的，无法像其他商品一般通过交通基础设施形成的网络结构体系在节点间发生转移，因此其具有明显的区域性，这也是它有别于其他商品的重要特征。

2. 投资额度大

房地产业属于资金密集型产业，不管是房地产开发商的开发投资还是消费者为置业而进行的投资，都需要庞大的资金投入。因此，在为某一项房地产项目进行投资时，其慎重的程度以及科学性要比投资任何其他产品都要高，其融资要求也更高。

3. 投资回收期长

房地产项目的开发是一个复杂的过程，从前期决策、项目实施到后期运营整个流程十分烦琐，少则经历数年，多则上十年。房地产开发投资的回收期也相对较长，一般为3~5年，如果是用作租赁，那么资金回笼时间甚至会更久，这导致机会成本与沉没成本加大了资金的压力以及市场的风险。因此，对房地产开发投资进行项目可行性研究、财务分析以及风险分析就显得十分必要。

4. 低流动性

房地产开发投资成本较高，不似普通商品买卖可在短时间内变现，房地产交易过程也十分复杂，交易成本较高，变现能力较差，资金周转慢，增加了投资风险，因此房地产投资的流动性与灵活性较低。不过房地产投资的耐久与保值性还是要高于其他商品。

5. 高风险性

房地产投资需要资金庞大，但资金周转期较长、资金的流动性低、受政策影响较大等特点使得投资风险较高，一旦投资失误，住房空置，资金无法按时回笼，企业将陷于被动，严重的甚至会倒闭。

6. 环境约束性

建筑物是城市的重要构成部分，具有固定性，需要统一的规划和布局。城市的功能分区、投资环境、建筑物的密度及高度等都形成外在的制约因素。房地产开发投资需要符合城市规划、土地规划和生态环境规划等要求，将微观、宏观及环境效益进行统一才能获得良好的投资效益。

第二节 地租理论

一、古典地租理论

（一）威廉·配第地租理论

英国经济学家威廉·配第是第一个提出地租理论的学者。他的地租理论主要包含三个方面，一是地租是农业土地生产农产品后的一种净报酬或者剩余，即地租等于市场价格扣除生产成本后的剩余部分。二是地价可以由土地产生的地租资本化后得到。三是地租差异是由土地与市场的距离、土地肥沃程度和耕作技术水平差导致的，这也是最早有关级差地租的思想。

（二）亚当·斯密地租理论

亚当·斯密的地租理论主要包括三个方面，一是地租是一种使用土地后的代价，是为了使用土地而付出的价格，具有垄断性，属于一种垄断价格。二是土地肥沃程度以及土地位置好坏同地租、地价有着紧密关联。三是地租不仅是一种地租收入还是一种剩余价值。

（三）大卫·李嘉图地租理论

大卫·李嘉图是在批判威廉·配第、亚当·斯密等古典地租理论基础上形成的大成之作，他的主要贡献包括三个方面，一是在劳动价值理论的框架上解释了级差地租的形成，说明了不同级别土地上获得的超额利润是如何转变为地租的，这有别于以往学者认为地租是"天然恩赐"的观点。二是基于劳动时间决定价值理论得出利润和地租是相对立的。三是在某种程度上探讨了地租的来源问题，指出地租有着明显的阶级性。

古典地租理论开创了地租论先河，具有划时代意义，但总体而言，他们的理论都存在局限性。如威廉·配第的地租理论局限在农业用地的范畴，将地租视作全部剩余价值的观点也有失偏颇，欠缺对价值与使用价值的区分，将地租与剩余价值混为一谈。亚当·斯密没有明确指出地租与利润的关系，也未厘清地租与剩余价值的本质关联，同时他将地租等同于使用土地的价格从而隐藏了地租的剥削性质。大卫·李嘉图并未指出资本主义地租的实质，他将级差地租的形成同"土地收益递减"联系起来分析是不符合历史规律的，并且他否定了绝对地租的存在从而忽视了土地私有权对地租产生的影响。

二、新古典地租理论

（一）克拉克地租理论

克拉克从生产要素贡献视角阐明其地租理论，他表示地租指土地这个生产要素为产品及其价值所作贡献的报酬。即地租是由土地的边际生产力决定的，并表示地租是总产量抛开工资后的"经济剩余"。他将地租等同于资本，指出地租是土地资本的一种利息，属于利息的派生形式。

（二）马歇尔地租理论

马歇尔表示生产要素由土地、劳动与资本组成，而土地作为一种特殊形式资本，只要不是依靠劳动产生的有用物质都可以归入土地。他指出地租由原始价值、私有价值及共有价值共同组成，其中原始价值指土地在自然状态下没有经过任何改造时的天然价值；私有价值是指土地拥有者对土地实施改造后产生的收入；共有价值是指社会进步所带来的价值。与此同时他还从土地的供求原理来考虑地租的数量，指出地租是生产者剩余，即土地总产量扣减边际产量后的剩余。

新古典地租理论对古典地租理论进行了一定拓展，但仍然有其局限性，例如，克拉克的"经济剩余法"思想将地租视作土地衍生品而不是劳动，用边际生产力解释地租来源的方式直接否定了劳动价值与剩余价值理论。马歇尔地租理论假设前提条件暗含完全竞争市场这一假定，从而导致这种过于理想化的价格模型只能表示出农业用地的生产要素价值，不太适用于现实复杂情况。

三、马克思地租理论

马克思根据地租形成的原因及产生的条件不同，把地租划分为级差地租、绝对地租及垄断地租三种。

(一) 级差地租

级差地租指将相同资金投入到面积相同但级别不同的土地上所获得的利润将会不同，因此所需支付的地租也不尽相同。马克思指出土地差别是造成级差地租形成的自然基础，而根源是农业劳动者创造的超出平均利润的剩余价值。同时，他根据级差地租产生条件的差别将其分为级差地租Ⅰ、级差地租Ⅱ。级差地租Ⅰ是指等量资本投入到等面积的极差土地所带来的超额利润的一种转化形式，其大小同土地肥沃程度和位置相关。级差地租Ⅱ是指等量资本持续投入到同一土地，根据不同的生产率而形成的超额利润的一种转化形式。

级差地租反映的是一种相对收益的现实，即投入相同资本情况下，收益的差异性所引起的地租，故马克思在总结级差地租结论时说："对地租起决定作用的，不是绝对的收益，而只是收益的差额"[1]。因此，城市交通基础设施所引起的土地收益的差额是其能够影响级差地租的原因。虽然马克思在《资本论》中论述级差地租时是以农业生产活动为研究对象，但关于农业级差地租的一些理论也完全适应于非农用地，如建筑地段地租和矿山地租等。级差地租分为级差地租Ⅰ和级差地租Ⅱ两种形态，因此城市交通基础设施就是通过影响级差地租的两个形态从而对房地产价值产生影响的。

(二) 绝对地租

马克思认为在资本主义市场下，即便是最劣等的土地也会产生地租，即绝对地租，而土地所有权的垄断就是绝对地租存在的先决条件。他指出农产品价值会高于其他产品的价值，农产品价值中所包括的剩余价值会高于其平均利润，而这个超出平均利润的余额就是绝对地租的超额利润，但是因为土地所有权的原因，使得超额利润无法参与利润的平均化，从而转变为绝对地租。

(三) 垄断地租

垄断地租指因为产品的垄断价格而产生的超额利润转变成的地租。现实生活中，由于一些土地拥有特殊的自然禀赋，可以生产出某些珍贵稀缺

---

[1] 资本论：第三卷 [M]. 北京：人民出版社，2004：817.

的物品，这些物品以垄断价格出售，该垄断价格是由购买者的购买欲望与支付能力决定的，这种垄断价格和土地的自然条件密切相关，从而使土地所有者能够赢得垄断利润，转化为垄断地租。[①]

马克思地租理论最大的贡献是表明资本主义地租的实质是一种剩余价值的转化形式，认为地租是土地所有权的一种实现方式，是土地所有者依据其所有权获得的，因此，地租存在的前提条件是土地所有权必须存在，它是以资本主义生产方式为基础实现，并阐述了三种地租形式。但该理论依然具有一定的局限性，例如，它并没有阐明市地地租的性质、数量和来源，只是简单指出市地地租依照同农业地租相同的规律。

四、现代西方地租理论

现代西方地租理论主要是研究城市地租理论。随着城市化的不断推进，农业用地同城市用地的矛盾越来越突出，这引来众多学者的关注，如赫德运用区位论研究了地租问题，他将城市地租和农业地租合并在同一分析框架中，指出城市边缘土地价值等同于农地的利用价值。威廉·阿伦索依据杜能区位论，构建了厂商对土地形成的投标曲线，随后依据经济学一般均衡理论，建立了计量模型揭示了地租产生的原因，并指出了地租的空间结构，同时他还依照城市土地的用地性质将土地划分为工业用地、商业用地、居民用地等。[②] 萨缪尔森表示地租是为使用土地而必须付出的一种代价。如果土地供给量是一定的，则可以通过地租和生产要素的价格来体现这一稀缺资源的价值。巴洛维认为地租是总产值扣除总要素成本后的余额，一般而言，地租的本质是其自身作为生产要素的收入。

（一）城市级差地租

城市级差地租是在土地级差地租上发展而来，是城市地租的主要表现形式。城市地租等级差异由土地位置距离市中心距离、交通便捷程度、人口规模、周边配套设施完善程度等因素决定。城市级差地租按照存在形式不同可以划分为区位、功能及规模级差地租。城市区位级差地租指因为城市本身所处地理位置的不同而形成的差异。城市功能级差地租指由城市不

[①] 资本论：第三卷．[M]．北京：人民出版社，2004．
[②] 威廉·阿隆索，著．区位和土地利用 [M]．梁进社，李平，王大伟，译．北京：商务印书馆，2010．

同产业结构性质、社会的投入增加所产生。城市规模级差地租指由城市本身规模差异而形成，依附于集聚与规模效益。

交通基础设施通过影响周边城市土地级差地租来实现对房地产价值的影响，土地价格是资本化的地租，是房地产价值重要的构成部分，交通基础设施对城市级差地租的影响主要有三条路径，一是通过改善周边土地的位置条件提高城市级差地租Ⅰ；二是通过增加周边土地的投资量来影响城市级差地租Ⅱ；三是通过轨道交通的建设对周边经济发展的促进作用，改善周边土地的经济地理位置，从而提高城市级差地租。

（二）城市绝对地租

城市绝对地租类似于农业绝对地租，都是因为土地所有权的存在而形成，和土地后期开发用途并无关系。对城市土地而言，任何土地（不管是中等、优等还是劣等的土地）都需要支付绝对地租。城市绝对地租是第二、第三产业（即非农产业）的企事业单位为获得城市土地使用权进行的支付。城市绝对地租的最小额（即劣等土地的绝对地租）应当等同于面积相当的可比的邻接的农业优等土地所提供的全部地租（并非绝对地租）。

（三）城市垄断地租

城市垄断地租是因为城市内某些土地具有独特优势和功能，能够创造独特产品的生产或者经营，这些稀有而独特的商品的垄断价格产生的垄断超额利润就转化为垄断地租。垄断价格和生产价格及价值的关系并不大，但与购买者欲望及支付能力正相关。垄断地租实质上是一种特殊形式的级差地租，形成的原因也是土地所有权的存在，只是这种土地并不是一般的土地，而是具有某些特殊功能或者区位优势的土地。

城市地租理论主要研究每一块具体土地的价值是怎样确定，指出任一土地都有着重要属性——区位，即不同区位的土地，不能看作是相同的。城市交通基础设施通过人们的投资性需求和土地所有者的行为实现对房地产价格形成的影响。一方面，由交通基础设施带来的城市级差地租使得周边的住宅具有较强的保值增值能力，人们对交通基础设施周边房地产的投资投机行为对房地产垄断价格的形成具有较大的影响；另一方面，由于土地所有权的存在，土地所有者的行为也会进一步影响房地产价格。因此，城市地租理论为研究当今地租问题和房地产业等相关问题都有着很好的借鉴意义。

第三节 空间结构理论

学者们对于空间结构理论的研究起源于19世纪初,最开始是用来对企业、产业的区位选择和空间分布进行研究,后来逐步转变为对区域整体空间结构和形态的研究。随着新经济地理理论的发展,研究重点又转向了对经济活动空间集聚及区域增长集聚的动力分析。根据地理学第一定律,任何事物总是与它周边的事物存在或多或少的联系,任何的具体活动都是在时间和空间两个维度中进行的。因此任何区域经济活动(包括交通基础设施建设、房地产开发投资行为)不仅在时间维度上表现出一定的相关性,而且在空间维度上也表现出某种程度的联系。这也就意味着,几乎所有的区域经济数据(包括交通基础设施数据、房地产开发投资数据)都存在空间效应,即空间相关性和空间异质性。空间结构理论能够很好地解释交通基础设施对房地产开发投资空间上的影响。一般而言,空间结构理论主要包括以下几个方面。

一、区位理论

区位理论主要分析经济活动空间最优的选择问题,并进一步讨论在完全竞争假设前提下资源的区域配置和空间布局,其中空间的选择和组织是其研究的主要内容。早在17世纪时就有学者研究成本与运输对工业土地利用的影响,但都只是处于萌芽阶段,直到1826年杜能发表了《孤立国同农业和国民经济的关系》(简称《孤立国》),标志着农业区位理论的诞生。该理论在"孤立化"假设条件下,解释了农业生产和市场间的联系,指出农业经济活动地理位置配置规律,并开创性地提出不同耕作制度形成的区域将围绕中心城市呈环带状分布,即"杜能圈"[1]。杜能模型认为影响土地租金的重要因素是距离城市中心(市场)的运输距离,这也是解释农业生产活动空间结构分布的基础,当其他变量(价格或生产成本)发生变化时也会影响土地利用情况。杜能农业区位论不仅常常被用作分析农业土地空间利用情况,还被广泛地用于阐明其他类型的土地利用格局,但是其仍然有

---

[1] 杜能,著.孤立国同农业和国民经济的关系[M].吴衡康,译.北京:商务印书馆,1986.

着时代局限性，随着社会的发展和技术的进步，杜能模型中的"地理距离"已经被"经济距离"和"时间距离"所替代，且随着农业产业化的不断发展，运输成本对农产品价格的影响也被削弱。1964年阿隆索在杜能模型的基础上提出了阿隆索模型，即说明城市内部地价、土地利用及土地利用强度的变化的模型，该模型的核心因素依然是交通通勤成本或可达性，并认为人们会在土地成本与交通运输成本间进行权衡。阿隆索模型还解释了高收入人群为何倾向于郊区居住，而低收入人群高密度的占领中心城区的原因。[1] 但有部分学者对此提出了质疑，随后阿隆索模型被不断的修正用以分析多中心城市空间结构。

1909年韦伯发表了《工业区位论》[2]，标志着工业区位论的诞生。该理论认为交通运输成本、劳动力成本和集聚是决定工业区位选择的核心要素，并建立了区位因子体系用以分析工业经济活动空间分布的规律，其中运输成本是最重要的影响因子。韦伯通过对交通运输的分析和计算寻找到工业产品生产成本的最低点，并将该点视作工业企业的理想区位点，再引入劳动力及集聚因子，通过对三要素间相互作用的分析和计算指出工业经济活动空间结构形成的基本模式。韦伯以费用（成本）最低点作为最佳区位选择点是其区位论的最大特点，该方法也一直影响着后续区位论学者们。韦伯工业区位论被广泛地应用于分析工业活动空间布局的同时还被用作分析其他产业空间结构，虽然应用广泛但其对均质区域和完全竞争条件的假设使得该理论受到诸多限制，并且基于费用（成本）最低的最佳区位选择方法也受到一些学者的质疑，如廖什（1940）认为并不是所有成本最低的企业就能获得最大利润，企业利润会受到市场等其他因素的影响，因此影响企业进行区位选择的关键因素应是利润最大化。[3]

随着学者们对区位论的不断深入研究，发现空间结构不仅包括圈层结构还有着明显的等级体系分布结构。其中最著名的理论当属克里斯塔（1966）的中心地理论和廖什（1954）的市场区位论。克里斯塔以德国南部地区城镇为研究对象，发现区域城镇体系分布存在等级序列，城市（市场）中心和服务范围关系呈现出正六边形体系结构，多层级的城市体系在空间

---

[1] 阿隆索模型认为穷人的竞租曲线要比富人的竞租曲线斜率更陡，于是穷人占据城市中心，而富人居住在郊区。
[2] 阿尔弗雷德·韦伯，著. 工业区位论[M]. 李刚剑，陈志人，张英保，译. 北京：商务印书馆，1997.
[3] 转引自许学强，周一星，宁越敏. 城市地理学：第二版[M]. 北京：高等教育出版社，2009.

上会显现出蜂窝状结构,这便是著名的中心地理论。该理论指出对于单独的市场中心而言,合理的经营范围应该是呈圆形面域,最佳经营范围则是该圆的半径,但是如果城市有着不止一个市场中心时,多个圆形面域间会有剩余空隙,将会使市场中心无法发挥出最优的服务功能,这时最佳的中心地服务范围便会变为正六边形,每个顶点会出现次一级的中心,这些中心将构成不同等级和功能的市场网络体系,其中交通是影响该市场网络体系形成的关键因素。中心地理论为研究现代城市体系及商业网点体系的形成与演变奠定了基础。但是该理论依然存在着如下局限性:一是克里斯塔认为中心地的空间布局是根据供给上限范围决定的,忽视了对供给下限的考虑;二是他认为消费者优先考虑离自己距离最近的市场中心,但事实上会有很多其他因素影响消费者对于市场选择的行为,现实中消费者更愿意选择条件更优的高级中心地区,这将导致高级中心地区的市场区域扩张,从而使得原有中心地体系受到影响发生变化;三是他忽略了集聚效益的影响,缺少了对企业空间集聚的分析;四是他只考虑了中心地间的纵向联系而忽视了横向联系;五是他缺乏对投入产出关系的研究。[①] 廖什用与克里斯塔勒类似的分析框架对工业区位进行了研究,但是不同于克里斯塔勒中心地理自上而下的研究方法,他是由下而上的,提出了类似于中心地理论的市场区位理论。廖什指出绝大多数的企业在进行工业区位选择时会倾向于选择那些能够让其获得最大利润的市场区域,区位选择的宗旨就是为了找寻最大利润点。他从需求角度出发,表示最优区位点并非在费用(成本)最低点,也并非在收益最小点,而应是在利润最大点,即收益减去费用(成本)后差额的最大点,并且最佳区位不能只考虑个别企业还应重视各个企业间相互的作用关系。廖什的市场区位论和克里斯塔勒的中心地理论扩充了区位论的发展,使其从生产领域延伸至市场领域,从局部发展到一般,形成了工业区位理论的市场学派,为后续动态地域平衡模式的研究提供了理论基础。

20世纪90年代以前,学者们从未重视地理空间这一要素,"空间"一直被认为是"均质"和没有区别的,货物在区域间的流通被假设为瞬间完成因而不会发生任何交通费用,产业的空间集聚也常常被忽视。区位科学理论的先驱艾萨德(1956)曾指出以往的经济学研究是"在一个缺乏空间维度的仙境中"进行的。随后艾萨德创立了区位和空间经济的一般均衡理

---

① Camagni R. P., City Networks As Tools for Competitiveness and Sustainability in Cities in Globalization [M]. London and New York: Routledge, 2007.

论，该理论将投入产出和价格成本的地理变化引入分析框架中，并在以往运输成本假设为零的传统区位论中加入了空间变量，从而很好地将以往的区位论和土地利用、贸易及城市结构理论进行了统一。① 他认为受到规模报酬递增等要素的作用，空间演化过程实质上是垄断竞争的过程，因此他所提出的区位科学理论是拥有垄断竞争特性的一般均衡理论。该理论也为新经济地理理论的产生奠定了基础。艾萨德还指出区域空间结构一直受到向心力与离心力的影响，因此以往区位论分析模型无法很好地解释经济活动中复杂的空间因素。克鲁格曼1991年出版了《收益递增和经济地理》，同藤田昌久一同被视作是新经济地理理论的始祖。② 克鲁格曼采用一般均衡模型内生方法得出制造业进行区位选择的决定方式，并提出向心力和离心力会影响消费者行为和生产要素在空间上的集聚和扩散方式。总体而言新经济地理理论提出劳动力流动的动力、运输费用及资本外部性相对规模等要素通过向心力和离心力的作用会影响经济活动和社会财富在空间分布的规律。并且新经济地理理论认为所有的制造业商品都是会产生运输费用的，同时交通运输费用对产业集聚有着十分重要的影响。新经济地理理论运用数学模型实证检验了产业集聚会造成制造业中心区的出现，弥补了传统区位论的不足，与此同时还强调由于规模经济与交通运输等要素间的相互作用而形成的内在集聚力和因其他一些要素的不可移动性产生的离心力会影响经济活动和生产要素的空间结构。但新经济地理理论也存在着局限性，如克鲁格曼对造成产业集聚的某些微观因素缺乏深入讨论，他重视市场联系却忽视了一些在企业活动中形成的无法量化的因素（如技术、人际关系等）对产业集聚的作用，另外他没有重视技术外溢对经济集聚的影响，无法很好地解释技术对于推动产业增长及经济全球化所发挥的作用。

一般而言，以杜能和韦伯为代表的古典区位论主张企业是为了寻求利润最大化或者费用（成本）最小化的理性经济人，而在寻求利润最大化或者费用（成本）最小化的过程中会受到成本要素（运输费用、劳动力费用等）或市场要素（市场容量及特征等）的影响，并最终影响企业的区位选择行为。这种基于成本—收益方法来分析企业的区位布局存在一些局限性，它忽视了空间及企业本身，很难用以解释现代产业的空间结构，但是依然有着现实意义，因为企业的基本决策目标还是离不开对利润最大化或者费

---

① Isard W. Location and Space-Economy [M]. Cambridge: MIT Press, 1956.
② 藤田昌久，克鲁格曼，等著. 空间经济学：城市、区域与国际贸易 [M]. 梁琦，译. 北京：中国人民大学出版社，2005.

用最小化的追求。

以克里斯塔勒和廖什为代表的近代区位论从消费及服务市场研究视角出发,分析了不同类型市场区位的门槛值,并进一步根据不同等级体系确定出城镇的数量及布局,有力地促进了城市体系及城市内职能分工的形成,但是由于只重视了体系内上下级城市间的纵向联系而缺乏对水平及错位联系的探讨和理论假设条件过于理想化等的局限性,致使该理论无法很好地解释现代企业的空间格局。

以克鲁格曼和藤田昌久为代表的新经济地理理论放宽了传统区位论的假设前提条件推动了现代区位论的发展,新经济地理理论认为向心力和离心力间的相互作用会影响经济活动及社会财富在空间上的分布,尽管重视不完全竞争、集聚效益及经济外部性等因素的作用但却忽视了文化、制度等难以量化的因素对空间结构的影响。因此如何将社会、文化等无法量化的因素引入到模型中是目前新经济地理学的一个研究方向。

二、二元空间结构理论

二元空间结构理论用以分析只有两个单独部分组成的社会结构,其中各个部分都有其独特的文化历史及动力。部分学者认为这种结构在发展中国家更为鲜明。[1] 二元空间结构理论认为所有的社会形态全是由两种或者更多种的不同生产方式组成,通过深入剖析显示出不同社会断面。例如,我国的城乡二元结构就属于典型的二元空间结构形态。二元空间结构理论能够较好地解释影响社会进步的妨碍因素,但是它的局限性在于过于简单化,让人误会的、具有目的论的将社会割裂为两部分,忽视两部分关联的前提假设,这对于分析社会极化问题是非常不利的。

核心—边缘理论是二元空间结构理论的典型代表。1966年弗里德曼在《区域发展政策》一文中阐述了该理论。弗里德曼认为所有的空间经济体系全是由不同性质的核心区及边缘区构成,其中核心区表示资本较为集中、工业比较发达、人口相对密集的创新中心,常常也指城市或城市集群区;边缘区指除去核心区以外的其他区域,即相比较而言经济落后的地区。核心区和边缘区相互作用,互相依存,一同形成了一个完整的空间结构。进一步,弗里德曼指出经济空间结构演化主要经历了四个阶段:一是前工业

---

[1] Boeke, J. H. Economics and Economic Policy of Dual Societies, As Exemplified by Indonesia [M]. New York: Institute of Pacific Relations, 1953.

化阶段，生产要素缺乏流动，区域间没有过多的经济联系，虽然有几个不同性质的核心区，但是相互间缺乏联系，互相割裂存在。二是工业化初始阶段，边缘区的资源要素开始向核心区流动，核心区开始快速发展，两个区域间的经济差距逐步扩大。三是工业化成熟阶段，核心区的资源要素逐渐向边缘区扩散，边缘区形成了次级中心，两个区域间的差距慢慢缩小。四是后工业化阶段，要素在整个空间开始全方位移动，边缘区逐步消失，空间结构开始趋向一体化布局，每个区域呈现出关联性的平衡发展。1999年克鲁格曼和藤田昌久等研究空间经济结构时所构建的中心—外围模型实质上体现的也是核心—边缘理论的思想。

核心—边缘理论主要用于分析区域是怎样从互无联系，割裂发展变为相互关联、发展不均衡，又从不均衡发展逐步变成具有关联性的平衡发展的空间体系的形成问题。特别是对于研究城市内部经济发达地区同经济落后地区、发达国家同欠发达国家之间的关系有着重要影响，但是这种绝对的二分法假设前提在现实社会中显得过于绝对化，无法很好地解释社会极化问题。

三、空间分异结构理论

空间分异结构理论主要用于解释经济活动的空间布局，该理论主张空间内所有的人文或自然现象都是有着普遍差异的，然而这些差异之间又常常存在着相互关联。该理论主要包括非均衡和地域分异及劳动力分工这两大理论。非均衡理论是研究现代，特别是资本主义生产方式的最普遍的地理学规律，它呈现了一种相互独立但又彼此关联的，经济发达和落后地区互相约束的结构与过程，同资本积累理论紧密相关。但是由于非均衡发展是一个动态的过程，随着社会经济及产业布局的演化，各种经济要素（如劳动力价格、生产率、地租等）会在不同的范围内影响着资本在地域间的流动，非均衡模式也随之不断发生着改变。

地域分异及劳动力分工是各个区域资本持续累积叠加的结果。经济学家们主要关注地域分异、分工与经济增长的关系，1776年亚当·斯密提出了绝对优势学说，他表示劳动力分工主要通过提升劳动者的专业化知识和熟练程度、推动技术创新等方式来增加劳动生产效率，进一步形成经济规模报酬递增。随后1817年大卫·李嘉图发表了比较优势学说，1933年俄林在赫克歇尔1919年的研究基础上提出了要素禀赋理论，1991年克鲁格曼等提出的新贸易理论，1990年波特发表的竞争优势学说都极大地促进了劳动力分工理论发展，劳动力分工的内容也随之发生着变化。一般而言，劳动力分工内容大致可分为三个阶段的演化过程，即早期部门间分工—产品间分工—产业链分工。总体而言，亚当·斯密、大卫·李嘉图、赫克歇尔和俄林的学说主要是分析由于部门间的产业分工而导致的贸易机制。克鲁格曼等则是基于经济规模报酬递增的原理分析了产业内贸易。而波特则将企业活动依据价值划分为各种不同的工序及相关环节，通过价值链方式促使劳动力分工进入产品链分工阶段。

与经济学家关注视角不同，地理学家们更关心分工对空间结构及生产组织形式的影响，于是赋予了更多的空间要素到地域分异及劳动力分工理论中。1978年朵琳·麦茜建立了投资层次模型来分析持续变化的社会经济空间结构。[①] 他把地方经济格局视作若干"层次"，而这些"层次"都是由持续新的投资和其他新的经济活动相互作用后的产物，因此经济空间结构就会呈现为新的和旧的经济空间格局的不断累积和结合，同时经济空间结构的分异形式在这种影响下也不断发生着改变，与此同时不断交替的劳动力空间分工为经济空间结构的形成发挥着重要作用。1988年斯科特将交易成本纳入劳动力空间分工的分析框架中，通过对企业间生产组织形式中劳动力分工的纵向连接和分离以及空间集聚等的研究，提出了基于劳动力空间分工理论下的生产组织区位选择原则。2003年迪肯指出全球背景下劳动力分工有着鲜明的空间差异，发达国家与发达国家间的劳动力空间分工结构、发达国家同发展中国家间的劳动力空间分工结构、发展中国家同发展中国家间的劳动力空间分工结构都存在明显的差异，并提出了基于新国际劳动分工理论下的全球转移模型。总体而言，朵琳·麦茜、斯科特及迪肯等地理学家们把生产的空间形态同社会经济空间形态很好地结合在一起，为新的区位机理的产生奠定了理论基础，同时能够很好地解释生产空间组织格局。

四、空间发展结构理论

空间发展结构理论关注的是拥有发展潜质的部分区域的空间结构问题。最典型的当属增长极与点—轴理论。增长极理论是由弗朗索瓦·佩鲁在

---

① Massey, D. Regionalism: some current issues [J]. Capital and Class, 1978, 6: 106–125.

1955年提出的，他认为整个空间区域不可能同时出现增长，增长往往以不同强弱程度出现在部分部门，并通过相关产业发生扩散，从而促进经济的增长，而拥有组织和推动作用的部门便是增长极。① 弗朗索瓦·佩鲁表示增长极仅仅只是一个产业部门，不包括任何空间要素。随后布德维尔、冈纳·缪尔达尔和阿尔伯特·赫希曼等经济学家创立了空间极化理论，在很大程度上丰富和推动了增长极理论的发展。布德维尔指出了增长极的空间结构特征，认为经济空间结构应该包含表现经济现象的区位关系。缪尔达尔和赫希曼指出增长极同区域结构的关联及互动机制应当包含极化和扩散效应。其中缪尔达尔认为为了缩小地区间经济发展不平衡，政府应当采取行政干预手段来刺激增长极边缘欠发达地区的经济增长。赫希曼表示极化效应和扩散效应之间存在一个转折点，并通过自发调节机制来完善资源配置状况。总体而言，增长极理论指出了地区间经济发展不均衡的规律，弗朗索瓦·佩鲁、布德维尔、缪尔达尔和赫希曼研究成果的共同核心是，在地区经济发展过程中，整个区域不会同时出现经济增长现象，经济增长一般出现在条件优越的少部分区域并通过向区域边缘扩散从而不断发展形成经济增长中心，因此增长极是拥有极化和扩散双重效应作用。

点—轴理论是基于增长极和中心地理理论的思想基础发展而来的，最初由波兰学者萨伦巴及马利士提出，随后我国学者陆大道在1985年基于对宏观区域发展的研究建立了适用于我国国情需要的点—轴模型，他表示"点"指能够推动地区经济发展的中心城市，点聚集就产生"簇"，"轴"指联系各个中心城市的轴线，即连接各个不同等级中心城镇的线状基础设施。点—轴理论认为整个区域经济的发展往往首先是集中在部分具有比较优势的城镇，并呈斑点状分布，在中心城镇不同距离的地方会产生程度不同的新集聚点，从而这些集聚点形成了区域的增长极。伴随着经济增长，集聚点越来越多，点与点之间通过交通干线、通讯线等带状基础设施进行连接，帮助生产要素在集聚点间的流动。点—轴理论能够很好地解释产业集聚的产生，进一步扩充了空间发展结构理论内容。魏后凯（2007）提出一种新的模式——网络式区域开发，他表示工业化中后期，伴随着交通、通信以及网络技术的不断发展，区域经济将呈现分散化趋势并最终形成网络状结构，区域经济也会逐渐趋向均衡的发展。随着"点—轴"的持续拓

---

① 佩鲁在《经济空间：理论的运用》（1950）和《略论增长极的概念》（1955）等著作中，最早提出"增长极"的概念，提出以"不平等动力学"或"支配关系"为基础的不平衡增长理论，来批判新古典增长理论的平衡增长观点。

展,网络式空间发展形式也必然会成为空间结构发展的趋势。

第四节 集聚、扩散与空间相互作用理论

空间相互作用、集聚与扩散长期以来都是地理学家和经济学家们关注的热点。1956年美国学者乌尔曼出版了《运输的作用和交互影响的基础》一书,创建了空间相互作用理论。他表示在整个空间面域中,所有的城市都不可能是独立存在的,城市与城市间的互补性、可运输性及中介机会是造成两个地区间发生相互作用的基础条件。交通更便捷、要素流动性更强、区域位置更邻近的城市间产生的相互作用强度也会更大。随后学者们开始不断完善空间相互作用模型,潜力模型、赖利模型和Swart引力模型、断裂点模型等用来测度城市间相互作用强度的模型孕育而生。随着计量模型的不断修正和完善,进一步推动了空间相互作用理论的发展。空间相互作用理论对于分析城市间相互关联和城市中心经济带的划分等有着重要作用。特别是进入21世纪,信息技术的进步缩小了空间距离的摩擦力,交通技术的提升和交通工具的不断改善产生了"时空压缩"的新空间形态,空间相互作用为解释企业空间组织形式的新趋势提供了十分重要的思想基础。

城市区域是一个相当复杂的系统,系统内各个城市、各个节点、各个要素间的相互作用会对整个系统造成深远影响。其中要素间的相互联系和作用主要是通过集聚和扩散方式来促进系统的演化和发展。换言之,集聚与扩散是实现空间相互作用的具体方式。克鲁格曼提出的新经济地理理论,将空间概念纳入理论框架中,说明了不同层次的地理空间上出现经济集聚现象以及集聚力的来源。随后不断有经济学家们从不同视角分析集聚的地理空间格局和集聚力的内生演化历程,并构建一系列的计量模型,对空间经济集聚理论进行了拓展和完善。鲍德温等(Baldwin et al.,2005)提出了具备"空间选择效应"及"空间排序效应"的两组模型,即Melitz-Style垄断竞争模型以及FC模型。祖德库姆(Suedekum,2006)对克鲁格曼CP模型进行了拓展,增加了住宅产品部门,这表示生活在中心区的居民其生活成本会显著高于边缘地区[1],假设在名义收入不变的前提下,中心区人们的实际收入下降,带来居民向中心区聚集的愿望减小,从而影响经济的集聚。

---

[1] CP模型和大部分的空间经济学模型常常认为中心区的生活成本要低于边缘地区,这是因为两方面原因:一是中心区因为竞争效应导致生活成本下降;二是中心区节约了运输成本。

1953年瑞典学者哈格斯特朗在其出版的《作为空间过程的创新扩散》中首次提出了空间扩散理论，指出了技术空间扩散的不同方式。随后缪尔达尔和赫尔曼进一步推动了扩散理论的发展，指出经济增长在区域空间中并非呈现出均匀的扩散方式。王士君（2003）指出空间扩散主要包括邻域扩散及非邻域扩散两类。邻域扩散表示扩散对象向周边（或者邻近）地区的空间溢出，反之非邻近地区的空间相互传播指的是非领域扩散。非领域扩散依据扩散的层次有无连续又可进一步划分为层次扩散与跳跃扩散。吴传清（2008）提出扩散方式主要分为核心扩散、等级扩散、波状扩散和跳跃式扩散四种。核心扩散指发生在中心地区向近郊或者近邻地区扩散。等级扩散指依据极核中心的等级从高到低逐级进行辐射。波状扩散指从中心向外围逐渐扩散，随着距离远近并逐渐衰减。跳跃式扩散指不受距离和等级的影响，直接从一个极核跳到另一个极核区域。总体而言，集聚与扩散理论很好地解释了城市间相互作用的途径和形式，为分析城市间关联、城市空间演化等问题提供了理论基础。

第二章 交通基础设施对房地产开发投资变动影响的机理分析

第一节 交通基础设施对房地产开发投资影响的根源剖析

完善交通基础设施,可以提高其通达性和网络联结,使生产地和消费地间的经济及时间距离相较于其地理距离而言大大缩短,带来运输成本及土地租金的改变,影响生产要素的收益预期与实际收益,从而影响居民和企业的出行与运输方式,影响家庭和企业的区位选择,并进一步影响着劳动分工、专业化及经济集聚,最终影响到房地产企业的投资规模、区域配置及空间结构。具体可以概括为:交通基础设施建设→降低运输成本→提高地区通达性和网络联结→改变土地租金、居民收入→影响居民和企业的出行与运输方式→影响分工、专业化和房地产价格→最终影响房地产开发投资。交通基础设施影响房地产开发投资的逻辑框架如图 2 – 1 所示。

一、通过土地租金变化影响房地产开发投资

土地是房地产最基本的生产资料,唯有土地的不断供给才能带动整个房地产业持续发展,因此土地供给会直接影响房地产的供给,土地价格的变动也会导致房价的波动,并最终影响房地产开发投资规模。梅克尔(James Meikle, 2001)通过搜集英国大量的地价、建筑成本及房价的有关数据发现土地价格增长的速度要高于房地产价格的增速,但建筑成本的价格却维持相对稳定,因此认为土地价格的增加在一定程度上会导致房价的上

第二章 | 交通基础设施对房地产开发投资变动影响的机理分析

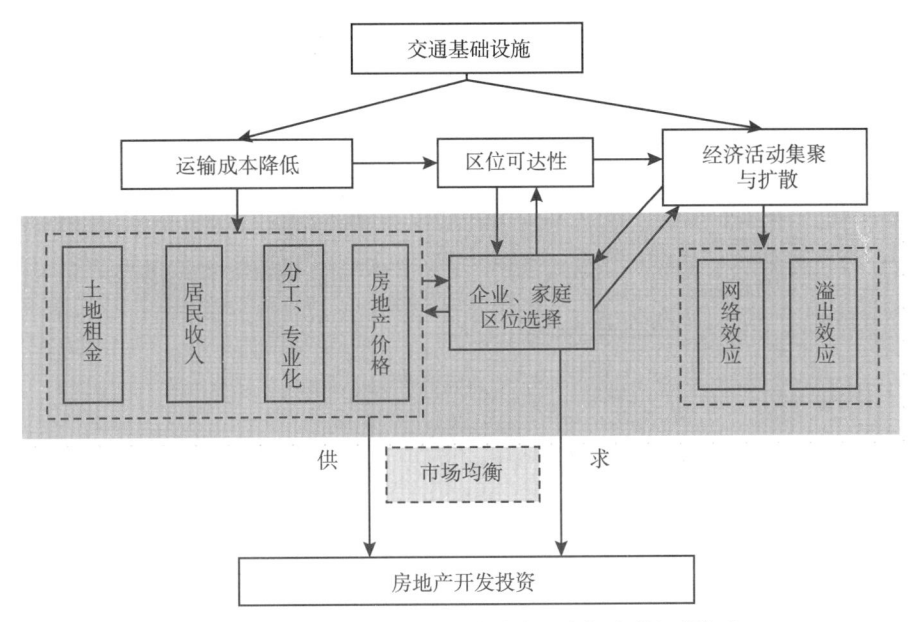

图 2-1 交通基础设施影响房地产开发投资的逻辑框架

涨。奥伊（Ooi，2004）通过分析新加坡房地产市场，指出土地价格和房地产价格间存在协整关系，房地产价格的上升引起了土地价格的增加。杜洪严等（Du et al.，2011）以中国 4 个直辖市为研究对象，认为中国全面推行"招拍挂"后，土地价格与房地产价格存在单项因果关系，仅表现为土地价格是房地产价格的格兰杰原因。罗西尼等（Rossini et al.，2014）表示房价的短期波动会带来地价的浮动，但长期来看，地价相对于房地产价格的变化具有滞后性。雷根强等（2014）实证表明土地出让金的提高会导致房地产开发投资的增加，但对房地产价格的影响却不显著，房地产价格主要受到预期及经济基本面的影响。张浩等（2016）认为房地产开发商的房价预期对土地市场有着显著影响，开发商依据市场变化做出的房价预期调整越快则对土地市场越有作为。刘建建等（2023）发现，地方政府采用土地金融方式进行融资放大了宏观经济波动，对房地产价格有着显著影响。

土地供给价格（土地租金）是影响房地产开发成本和房地产销售价格的重要因素。土地供给价格对房地产市场的影响主要表现在两个方面。一方面，土地供给价格会直接影响房地产市场上的销售价格。房地产开发商想要获得利润，房地产销售价格就必须要高于开发成本，一旦市场价格低于开发成本时，房地产开发商便会选择囤地或者囤房来等待房地产价格上涨。此外，土地供给价格会影响消费者及房地产开发商的预期。当土地价格急剧上升时，对于房地产消费者来说，会带来土地资源紧张，房地产供给不足的预期，左右消费者的决策行为。当土地价格急剧上升时，对于房地产开发商来说，会带来房地产价格上涨的预期，影响房地产开发商的销售策略，并最终影响房地产开发投资规模。

完善交通基础设施，可以提高交通基础设施的通达性及网络联结，导致土地等不可移动要素的租金发生变化，从而影响房地产开发投资。

黑格（Haig，1926）指出地租和运输成本由于它们自身和空间摩擦的关系而密切的关联在一起。运输会用以时间及金钱为代价的方式降低这种摩擦。他认为运输系统的完善会引起区位地价的降低和推动城市向外扩张，而城市向外扩张的程度依赖于运输服务的需求弹性。塔布奇（Tabuchi，1998）将城市内部交通的运输成本及住宅消费纳入新经济地理模型中，指出当两地间运输费用趋于零时，经济活动在地区间会呈现分散状态，且这种状态是长期均衡的。迈克巴克（Mikelbank，2004）认为住房价值会因城市内部交通设施建设完善程度的不同而发生改变，从而间接影响到住房投资的区域分布。刘康等（2015）通过特征价格模型进一步验证了轨道交通确实对房地产价值（价格或租金）产生了积极的影响。因此，完善地区间交通基础设施建设水平，可以提高交通基础设施的通达性及网络性，并进一步通过缩小经济和时间距离来影响运输成本及土地租金。

杜能是最早研究距离与土地租金间关系的学者。杜能模型指出当地区间土地性质相同时，土地的差别就取决于运输成本的节约。首先，杜能研究了在同一集约程度下，地区距离对地租的影响。杜能模型中用 R 表示土地地租，Q 表示产量，P 表示销售价格，C 表示生产成本，t 表示运费率，k 表示与市场的距离，则土地地租就可用公式表示为：$R = Q(P - C) - Qtk = Q(P - C - tk)$。其中，当产地同市场的距离达到某一特定数值时，土地地租会为零。具体如图 2-2 所示。

然后，杜能模型研究了在不同集约程度下，交通基础设施建设水平的完善对土地地租的影响。依据古典政治经济学原理可知生产的要素包括土地、劳动与资本，因此农业生产领域的集约化程度主要依赖于投入到土地上的劳力与资本，即总投入量 I。每当增加一单位的劳动力与生产资料，土地的产量也会随之对应的增加，而增加的产量就是边际产量，当到达某一数值时，即使土地的总产量依然在增加，但是边际产量却会出现持续下降的

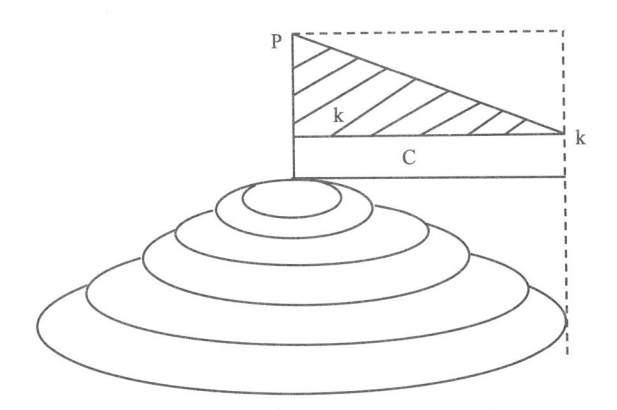

图 2-2 土地地租与运输成本之间的关系

资料来源：Haggett P. Geography, A Modern Synthesis. Revised Third Edition [M]. New York: Harper and Row Publishers, 1983.

现象，这便是著名的土地收益递减规律：

当 $\frac{dQ'}{dI} > 0$ 或 $\frac{dC'}{dQ} < 0$ 时，土地收益增加；当 $\frac{dQ'}{dI} = 0$ 或 $\frac{dC'}{dQ} = 0$ 时，土地收益持平；当 $\frac{dQ'}{dI} < 0$ 或 $\frac{dC'}{dQ} > 0$ 时，土地收益减少。随后，将运输费用引入模型中。因为利润等于销售价格扣减生产成本和运输成本后的余额。所以增加投入量后要使土地的总产量依然增加的前提必须是销售价格扣除边际成本后的差额可以抵消边际产量追加而产生的运输费用，即 $P - \frac{dC}{dQ} - \frac{dT}{dQ} \geq 0$。换言之，当边际成本和运输费用越少时，边际产量自身所需的偿付也会越少，产业规模扩大的概率也会增加。

黑格是首个将杜能模型运用到城市地租研究的学者。他假设人们生活的城市是一个没有任何特色的平原，且城市的中心市场拥有全部的生产、娱乐及零售活动，同时居民的收入、需求等要素都是没有差别的，建筑物成本也是相同的，仅仅只有运输费用会随着同中心市场的距离的改变而发生变化。根据此假设，他认为运输成本加上地租的总和在城市中是一直保持不变的，假设从中心市场向城市周边辐射，仅仅考虑居民的决策就会出现如图2-3所示。图2-3中，城市内所有地区的租金都可以被认为是尖顶对着中心市场的倒置锥体体积。

黑格还指出交通运输系统的完善会引起地区地租的降低和城市向外扩张，而城市向外扩张的程度主要依赖于运输服务的需求弹性。假设对运输的

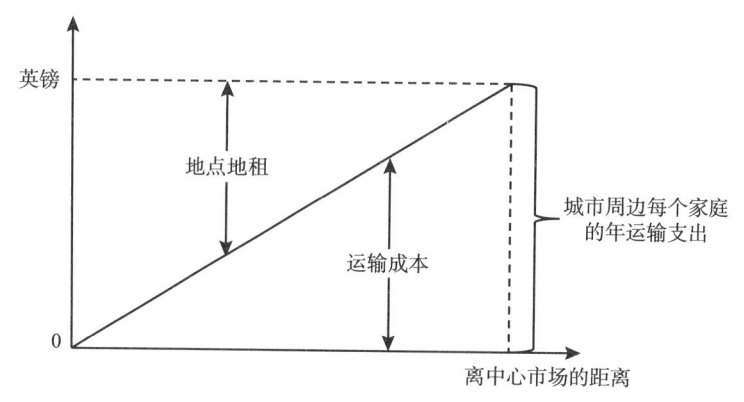

图 2-3 地点地租/运输成本的交替关系

需求是没有弹性的，则城市的边界将不会改变。如图 2-4 所示，AB 为原始的租金梯度，在运输需求没有弹性的假设条件下，固定不变的公共运输成本会使梯度线移至 A′B。此时城市的边界依然保持在 B。但是，当运输需求表现出一定程度的弹性时，运输费用的减少将会鼓励居民去更远的地方上班或者娱乐，这时租金梯度就可能移至 A″B″ 的位置，此时城市的边界会拓展至 B″。但是需要注意的是，该模型认为运输费用会因为距离中心市场距离的改变而引起线性变化，但是居民的行为却是始终不变的。

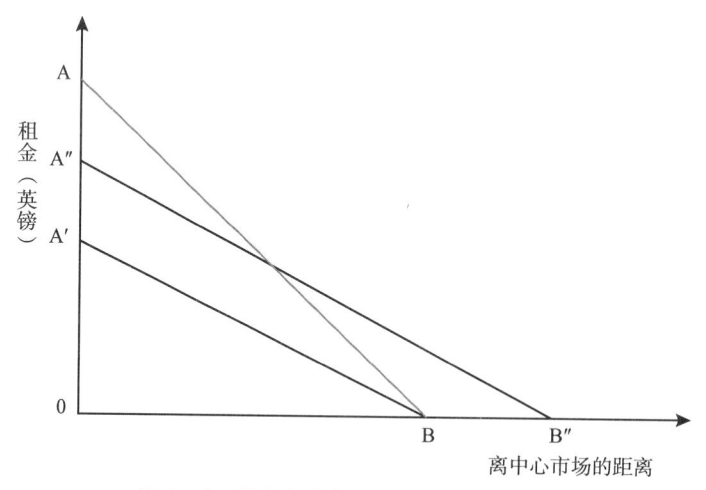

图 2-4 地点租金与运输成本的交替关系

因此，基于以上区位论与地租论，可以知道土地相对位置不同将会形成不同的地租,与此同时到达任意地区的时间及经济距离的不同也会导致不同地租的产生。交通基础设施与土地使用相联系的关键就是运输成本和地点租金间的互补,地租和运输成本具有某种替代性,二者之和称作阻力成本。如图2-5所示,交通基础设施水平的改善代表可达性的提高及运输成本的降低,从而减少了机会成本。地租 L_r 加上运输成本 T_c 的和是常数,当交通改善后,运输成本下降至 T'_c,此时地租会上升到 L'_r。[①]

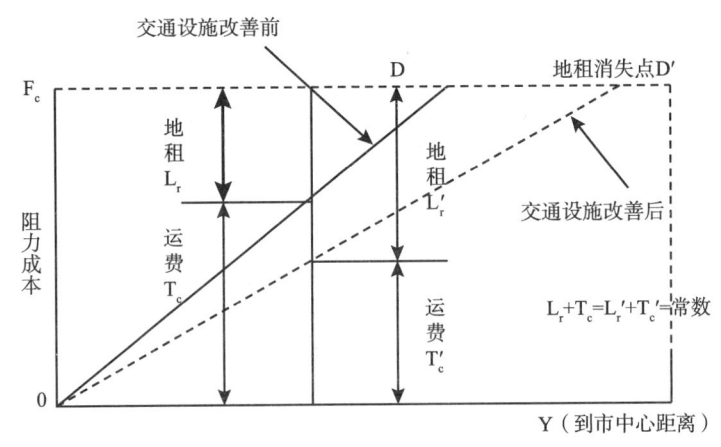

图 2-5 交通设施改善前后地租与运费的关系

二、通过城市工资收入变化影响房地产开发投资

城市工资收入水平能够表示当地居民的支付能力,收入的提高代表着居民的购房能力增加,带来房地产市场需求的增加,从而推动房地产开发投资的增加。"拥有自己的住房"是我国人民根深蒂固的消费观念,当居民有钱解决温饱之余后,都倾向于选择购买一套房产。经济发展阶段及水平的不同,对房地产的需求也会相同,会随着居民消费结构发生变化而变化。对于收入的增加,可以分为三种情况:一是低收入水平的人群,即使消费能力有所提高,但消费内容依然集中在改善生活方面,例如,购买衣物、食物等,但当收入抵达购房承受线时便会快速形成购买,带来资金流向房地产业。二是中等收入水平的人群,当收入增加后,会更乐于改善居住环

---

① 郑捷奋. 城市轨道交通与周边房地产价值关系研究 [D]. 北京:清华大学,2004.

境，提升其生活品质，从而拓宽房地产需求市场，带动房地产开发投资。三是高收入水平的人群，其购房需求已经发生改变，由居住需求转变成投资需求，导致大量资金流向房地产市场，促使房地产开发投资的增加。

从经济学层面而言，需求者有能力为自己的需求买单，才能称为有效需求。一般而言，工资收入的高低直接决定了支付能力。依据供需关系，居民可支配资金增多后，会开始改善生活水平，对自身居住环境也会有更高要求，从而扩大房地产市场需求，带动房地产开发投资。从边际效应视角而言，假如消费者只是处在温饱有余的水平，对房地产消费能力还不够，此时需求并未得到大的扩大，因此对房地产市场的影响也不会很大。但当消费者的消费能力提高，除日常开支外还有能力改善自身生活水平，此时房地产市场需求也会扩大，边际效应的作用会更加明显，对房地产开发投资的影响也会更加显著。

交通基础设施水平的改善会导致城市工资收入产生变化，城市工资水平与消费能力息息相关，收入的增加会促进居住环境的优化，从而增加房地产市场需求，导致需求曲线右移，带动房地产开发投资增加。摩西（Moses，1962）认为人们能够接受的工资差别完全取决于货币运输成本的结构。他假设人们要么集中在城市中心要么均匀地分布在城市周边，并且享受同等福利水平、工资待遇及工作时间，同时所有居民都采用相同数量的乘车来往方式出行。摩西指出人们除去交通费用后的净工资，会依照市内通勤成本的性质和居住地距离中心商业区的距离而产生变化，其中由于距离中心商业区距离不同而造成的土地价格的改变可以作为保证居民享受同等福利水平的调节机制。居住地离中心商业区距离越远的居民将承担较高的运输费和相对较低的房租。此时人们有可能为了节约通勤成本而舍弃在中心商业区的工作，重新选择一份居住地附近的工作，以此来提升自身的福利水平。这种情况下，该就业者能够接受的收入限度为工资的减少额刚好等于节约的通勤成本。这样即使居住地附近的工作工资比原本在中心商业区工作的工资低但是却能够与中心商业区享受的福利水平平衡。这便产生了城市工资的梯度，其本身取决于通勤成本。具体如图 2-6 所示。

图 2-6 中，0W 表示距离中心商业区所需支付的工资，WA′表示城市边界 A 同中心商业区间上下班往返所需的交通费用。0A′表示居住在 A 地点的居民为了能够在居住地附近工作而所需的工资率。这时，居住在 A 地的居民往返中心商业区工作所获得的 0W 与在居住地附近工作所获得的 0A′是相同的。WW′曲线表示需向居住在 A 地的居民支付的工资水平，这个曲线

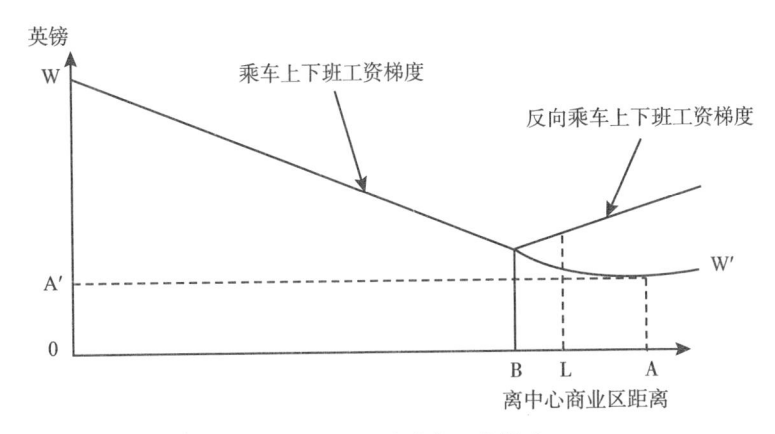

图 2-6 通勤成本与工资梯度

表示的工资水平显示在居住地附近工作同往返中心商业区工作是没有任何差别的。

将某种次要的就业集中思想纳入分析框架中,假如在 L 地点,就会存在反向乘车出行方式。假设这个次中心商业区需要劳动力,但是无法将就业者从居住地吸引到 L 的右边,这时就必须对从 L 地区与中心商业区间的任何地点往返工作的居民进行补偿。此时,反向乘车通行的运输系统价格在考虑货币、时间与舒适度等要素影响下是趋于下降的,因此反向通行的工资梯度相较于正向通行的工资梯度而言会平缓些。同时,相较于正向通行的通勤成本而言,影响反向通行的通勤成本的关键因素是交通的拥挤程度。此时,距离中心商业区越远,交通拥挤程度会越低。

三、通过分工、专业化影响房地产开发投资

区域间产业分工能够带动经济发展,并最终在不同地区发生经济集聚。房地产与国民经济有着密不可分的关系,房地产投资作为固定资产投资的主要组成部分,为拉动内需提供了力量来源,对国民经济增长有着不可磨灭的作用。反之,国民经济也为房地产业提供了基础支撑作用,从经济发展水平、增长速度、质量、产业结构和资源等多方面制约或推动房地产业发展。当国民经济稳步增长时,人口、居民可支配收入等增加,房地产市场需求增加,更多的资金被吸引进入房地产业,房地产开发投资增加,房地产业的繁荣又会进一步推动国民经济增长。当国民经济衰退时,人们对

房地产市场的消费需求减少,房地产价格开始下滑,房地产开发投资也将陆续撤离房地产业,房地产业的萧条会进一步加重国民经济的衰退。

不同行业可以依据不同地区的"要素禀赋"与"比较优势",将分别在不同地区发生集聚。经济集聚对房地产开发投资的影响主要表现在以下几个方面。

一是经济集聚会吸引外来人口以及农村剩余劳动力,是促进人口集聚的重要力量。分工、专业化会形成产业集群,推动这些地区走向新型工业化道路,提升地区的产业结构,带动区域经济的飞速发展,加大区域间的收入差距,进而促使人口流入经济集聚区域。人口及可支配收入的增加会提高房地产市场的需求。目前我国多数家庭还是保持着结婚需买房的传统观念,促使许多新婚家庭成为房地产刚性需求的一分子。虽然外来人口短期内不一定具备经济实力买房,但他们一定会通过租赁的形式进行过渡,这会推动集聚地区的房地产租赁市场发展,从而带动房地开发投资的增加。大部分有剩余资金的消费者购买房地产用于出租,既可以享受房地产价格上涨带来的收益,也可以通过租赁获取稳定的租金收入。由于"居者有其屋"的固定观念,那些靠租赁过渡的外来人口,在经济条件改善后,也会将买房作为第一选择。而源源不绝涌入的人口又将不断填补房地产租赁市场的空缺,因此人口集聚必然会导致房地产购买需求以及租赁需求的不断增加,从而影响房地产开发投资。与此同时,收入的提高会增加居民的购买力,进一步增加房地产市场的刚性需求及改善型需求,从而影响房地产开发投资。

二是通过区域间资本流动影响房地产开发投资。一方面,经济集聚区域会吸引大量直接或间接投资的涌入,大力提升了该地区的产业规模,扩大了该地区的企业数量,进一步加大了对该地区房地产的需求数量。这是由于产业规模的扩大,不但加剧了企业对工业及商业地产的需求,同时就业人员的增加,使得对住宅的需求也不断上升。另一方面,我国房地产业发展迅速,特别是经济集聚区域,房地产价格涨幅惊人,高额回报让这些区域的房地产市场变为游资理想的投资场所。随着我国经济的不断增长,民营资本也在不断壮大,但世界金融危机和次贷危机爆发后,世界经济还处于低迷状态,尤其是在中美贸易摩擦的背景下,庞大的民间资本已对扩大再生产失去信心,此时资金出入门槛不高回报却惊人的房地产市场变成了游资的新战场,房地产投资性需求急剧增加,从而带动房地产开发投资的增加。

第二章 交通基础设施对房地产开发投资变动影响的机理分析

亚当·斯密曾在《国富论》中提出交通基础设施能够促进区域产业分工，他认为区域间的产业分工能够在不同区域形成专业化生产从而提高劳动生产率，其中运输成本是影响地区间形成分工的关键因素。假设某一地区因为自然条件（如沿海城市）或者交通基础设施的改善（如修建人工运河）使得区域间运输成本降低，则该地区因为水运的低成本优势，会促进地区间的产业分工，即便这些区域没有独特的自然资源，但依然可以通过发展制造业获得经济的繁荣。《国富论》发表至今，交通基础设施得到了飞速发展，交通基础设施可以降低地区间的运输成本，推动区域间产业分工进而带动经济发展的作用机制依然沿用至今。在前工业年代，主要依靠修建运河来降低地区间的运输成本。工业革命后，蒸汽机的发明使铁路成为降低区域间运输成本的重要手段。随着标准化和流水线的产生，汽车得以大规模的使用，公路建设对经济增长的促进作用更加显现，人均汽车拥有量指标成为测量工业国家发展水平的主要依据。工业革命以来，各个国家的发展经历再次证实了交通基础设施与地区经济发展的一致性。水运、铁路、公路、航空以及管道运输等交通基础设施的发展显著降低了地区间生产要素的运输成本，极大地推动了地区间产业的专业化分工。

亚当·斯密的思想被称为"绝对优势理论"，其认为地区间产业分工利益来源于专业化生产能够大力提高劳动生产率的思想。随后更多的经济学者进一步分析了地区间产业分工与贸易发生的原因。大卫·李嘉图提出两个国家或地区间假如各有两个产业，则进行分工和贸易时并不需要其中一个国家或地区在出口产业的生产率等指标超过对方。假设某一地区或国家的两个产业生产率全低于对方，但其中一个产业同对方的生产率水平相差的差距比另一产业同对方的生产率水平相差的差距更大，则地区专业化生产及出口和对方生产率差别较小的产品及进口生产率差别较大的产品依然能够从贸易中获利！这就是"比较优势理论"，该理论为欠发达国家或者地区参与地区间的分工与贸易提供了依据。随后赫克歇尔·俄林基于资本与其他生产要素在地区间分布的差异建立了"要素禀赋理论"。一个地区在进行产业分工时，将利用该地区相对丰富的生产要素来发展比较优势产业，地区间比较优势产品的互换可以理解为地区间丰富生产要素互换的延伸。无论哪种理论背景下，地区间的运输成本依然被认为是制约地区发挥比较优势的重要因素，交通基础设施影响地区按"要素禀赋"与"比较优势"参与产业分工的机制同亚当·斯密的思想依然是一致的。

新经济地理学将运输成本、规模经济和不完全竞争纳入新古典经济学的理论框架中,从产业集聚的视角重新分析了产业分工的原因。克鲁格曼的 CP 模型提出,当运输成本较高时,地区间各自发展制造业,同时地区间没有贸易。当运输成本很低时,制造业会在前后向联系的影响下发生集聚,呈现中心—外围的地区分工格局,中心地区主要发展制造业,而外围地区主要发展农业。当运输成本处在中等水平时,分散或者集聚都可能发生,产业的最后布局则由偶然的历史性因素决定。

通过上述各理论对区域分工及行业集聚的分析,我们可以得出一个假设:不同行业可以依据不同地区的"要素禀赋"与"比较优势",将分别在不同地区发生集聚。交通基础设施的完善能够通过减少地区间的运输成本来实现这一分工过程。因此,交通基础设施推动区域间产业分工进而带动经济发展,从而影响房地产开发投资。

四、通过房地产价格变化影响房地产开发投资

房地产价格是反映房地产市场供需变化的灵敏指标,房地产价格对房地产开发投资的影响路径为价格上升→刺激供给→供给增加→相对价格下降→需求增加。依据供求理论可知,在非价格因素作用下,房地产供求一旦发生变动,需求和供给曲线也随之发生变化,供求变化将引起均衡价格和均衡数量的改变。当供给与需求相等时,市场处于局部均衡状态,由于房地产市场的特殊性,从供给角度而言,一方面,土地的国有制使得政府对土地的管控较严,土地供给需要按照政府总体规划分配指标,开发商通过竞拍等方式获得,因此短期内无法迅速的扩张。另一方面,房地产建设周期都比较长,短则数月多则数年。因此短期内房地产市场供给的价格弹性较小,长期内供给弹性较大。

从需求角度而言,一般认为房地产需求如同其他必需品一样,有关价格是相对无弹性的。如图 2-7 所示,纵轴代表房地产价格,横轴代表供给和需求,市场初始均衡价格为 P_0,对应的均衡数量为 Q_0。当需求增加时,需求曲线由 D_0 平移至 D_1,房地产价格随之上升,由初始均衡价格 P_0 变为 P_1,价格的上涨作为一种信号传达到房地产开发商,开发商便会做出反馈提供 Q_2 供给量,由于开发商的趋利性,房地产商为了获得更多利润,会增加房地产开发投资,增加长期供给量,致使长期供给 Q_2 大于短期供给 Q_1,长期内逐渐形成超额供给。长期内,当信息慢慢恢复对称时,价格又开始回落,此时 Q_2 对应的房地产价格是 P_2,价格下降,需求又会增加,如此周而复始。

第二章 | 交通基础设施对房地产开发投资变动影响的机理分析

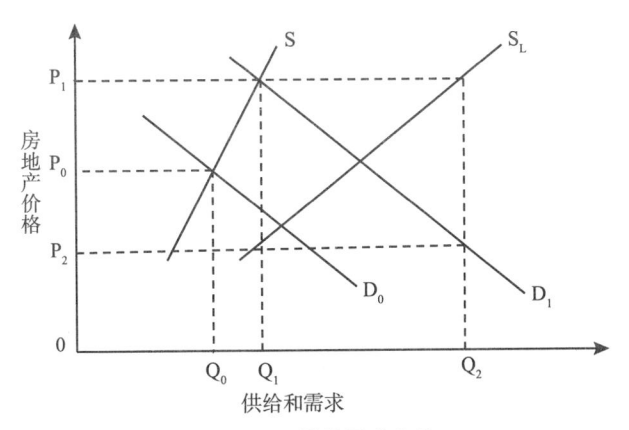

图 2-7 供给需求曲线

  交通基础设施水平的改善会降低运输成本，提高通达性及网络联结，并进一步影响房地产价格。交通基础设施直接影响着土地价值的大小[1]。运输成本已然成为人们选择居住地的重要因素，地区间的通达性更是决定着该地区的房地产价格。房地产价格与运输成本通过空间摩擦密切相联，交通是减少摩擦的重要手段，通常以经济和时间为代价；房地产价格则是以选择运输成本相对较低的地区为代价。如图 2-8 所示，交通基础设施水平的改善会降低运输成本 ΔC，从而对该地区房地产市场供需关系造成影响，并导致供需平衡点从 A 点移动到 B 点，此时人们愿意花更高的价格在该地区居住，进而提高该地区的房地产价格 ΔP。因此，区域间交通基础设施水平的完善，会减少人们的运输成本，提高地区间的通达性，并进一步对地区间的房地产价格产生增值效应。

  交通基础设施对不同区域市场的房地产价格影响是不同的。大多数学者研究表明交通基础设施对房地产价格产生了积极作用[2]，但也有一些学者提出了不同意见[3]。刘康等（2015）认为学者们不同的研究结果主要是因为忽视了分市场效应。他表示交通基础设施对不同地区房地产价格影响程度是存在差异的，并指出对中心城区市场的影响程度没有郊区市场的大。

---

[1] Haider M., Miller E. J. Effects of Transportation Infrastructure and Location Elements on Residential Real Estate Values: Application of Spatial Autoregressive Techniques [J]. Transportation Research Record, 2000, 1722 (1): 1-8.

[2] Kim J., Zhang M. Determining Transit's Impact on Seoul Commerciall and Values: An Application of Spatial Econometrics [J]. International Real Estate Review, 2005, 8 (1): 1-26.

[3] Cervero R., Landis J. Assessing the Impacts of Urban Rail Transit on Local Real Estate Markets Using Quasi-experimental Comparisons [J]. Transportation Research. 1993, 27 (1): 13-22.

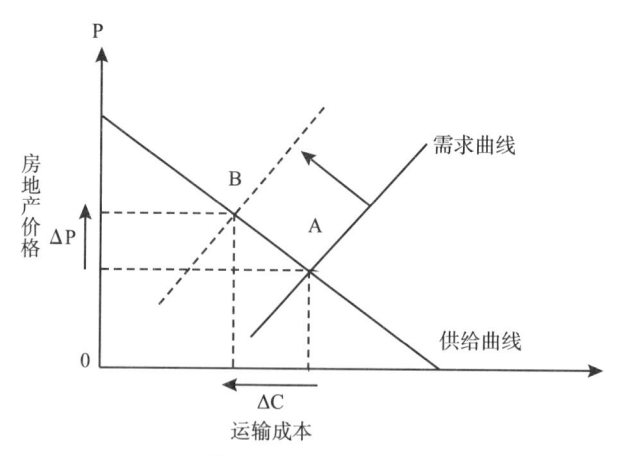

图 2-8 交通基础设施对房地产价格的增值效应

图 2-9 表示交通基础设施会使房地产市场供需平衡点发生改变，在中心城区市场会从 B 点移动到 B_1 点，在郊区市场则从 A 点移至 A_1 点，这主要是因为中心城区原本的交通基础设施就比较完善，可供人们选择出行的交通工具较多，但是郊区市场的交通基础设施就相对薄弱得多，使得交通基础设施引起的边际运输成本降低的程度，在中心城区市场 ΔC_z 小于郊区市场 ΔC_j，从而造成对房地产价格产生的增值效应存在差异，在中心城区市场 ΔP_z 小于郊区市场 ΔP_j。

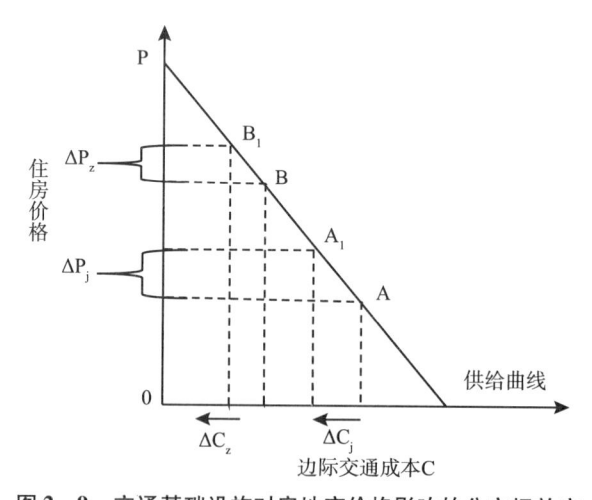

图 2-9 交通基础设施对房地产价格影响的分市场效应

第二节　交通基础设施对房地产开发投资的影响路径

交通基础设施水平的改善，会导致运输成本的降低，地区间通达性的提高和网络联结的增加，从而影响土地租金、居民收入、分工及专业化和房地产价格等要素，并进一步引起房地产开发投资变动。本书将从投资总量、区际区位结构及城市内部区位结构三个方面分析交通基础设施对房地产开发投资变动的影响，具体影响路径如下。

一、路径一：房地产开发投资总量

交通基础设施会影响城市工资收入，增加居民可支配收入，从而提升人们的房地产支付能力，增加房地产市场的有效需求，为了维持房地产市场均衡将进一步影响房地产市场的供给，从而引起房地产开发投资总量的变化。交通基础设施水平的改善还会影响劳动分工，导致资本、劳动力等要素在区域间的流动更加便捷，对减小地区间发展不平衡、推动经济发展等起到重要作用（Sahoo et al.，2010；王贤彬等，2015；蔡新民等，2017）。从而提升地区的经济增长及发展潜力，对内形成凝聚力与向心力，对外增加该地区的吸引力与竞争力，使得更多的资本被吸引，资本的逐利性质使得资本大量的涌入房地产市场[①]，提高了房地产开发投资量，增加了房地产市场有效需求，从而导致房地产市场对房地产供给有着更多诉求，并进一步促进房地产开发投资总量的增加。

另外，交通基础设施承载能力会约束房地产开发投资的总量。交通基础设施承载能力指在某一特定时期特定区域交通基础设施系统能够给予地区经济发展与居民需求在数量和质量上的最大满足程度（赵楠等，2009；秦俊武，2013）。由于交通基础设施的准公共物品属性使得其在一定时期内拥有"供给限定性"，无法无限量使用，因此当高出其所能承载的临界值时便会出现"竞争性""排他性""拥挤性"等，从而导致城市无法正常运行（Lisa et al.，2004；Cellini et al.，2010；宋琪等，2015）。换言之，交通基础设施投入程度决定了其承载能力，交通基础设施承载能力在某种程度上

---

① 国务院发展研究中心在2012年发布的《中国住房市场发展趋势与政策研究》一书中表示房地产开发领域利润率超过工业整体水平约10个百分点，已成为资本逐利的理想场所。

确定着房地产开发投资所需要维持的最优数量,一旦越过这一最优临界数值便会造成交通基础设施资源的短缺,也就是所谓的"超载"现象,从而导致无法满足该地区人们的正常需求,造成居民福利减少,生活质量下降。反过来,假使在某一既定交通基础设施配置前提下,房地产开发投资规模不足就会造成交通基础设施出现"低载"现象,导致房地产开发投资效率降低,并且无法满足人们对福利及生活质量的需求。因此,最理想状态应是交通基础设施与房地产开发投资间能够处于"均衡"状态。但这在现实中很难实现,葛扬等(2017)指出目前我国基础设施已经出现"超常规"发展态势。

二、路径二:房地产开发投资区际区位结构

交通基础设施对本地区房地产开发投资的影响或是对其他地区房地产开发投资产生的溢出效应,主要是通过集聚和扩散方式来完成。换言之,集聚与扩散是实现交通基础设施对房地产开发投资区际结构变动的具体方式。具体影响机理如下。

(一) 交通基础设施对房地产开发投资空间集聚

1. 区位诱导、决策主体偏好和空间集聚

阿塔克等(Atack et al., 1998)认为交通基础设施具有区位效应,房地产业对区位有着天生的敏感性和强烈的依赖性。对房地产开发企业而言,区位优势带来的区域功能价值上升会引起房地产企业投资利润的增加。对房地产市场消费者而言,区位优势会引致更高的居民福利水平及投资回报。所以,理性行为人常常会选择能够为其创造获得最大利润的区位。因此,在区位因素诱导下,房地产开发投资每进行一次区位选择便代表着开发资本一次完备的空间配置历程,房地产市场各参与者相似决策及反复选择导致最终房地产开发资本空间集聚的产生。

2. 区域集聚优势、效应外溢和空间集聚

与其他产业类似,房地产开发投资的空间聚集会扩大所谓的"聚集优势",并加快投资的空间效应外溢,继而吸引更多的房地产开发资本,形成空间聚集。首先,空间集聚优势会降低房地产开发资本的边际成本,增加边际收益。如房地产开发投资可以分摊基础设施配套成本,从而提高资本的边际收益。其次,区域合作优势又会加快资本聚集,张东等(2012)表

示不同类型的房地产投资具有"互引效应",这会增加该地区投资规模,进而获得更多的资本收益,产生"互补性聚集"。最后,品牌效应外溢使得空间集聚加快,张立新等(2015)指出大型房地产开发商投资进入某城市区域后,"示范效应"会使得其他竞争优势不明显的开发商快速跟进投资,来瓜分大开发商带来的"效应外溢"。

3. 信息相似性、羊群效应和房地产开发投资非常规空间聚集

弗洛特等(Froot et al.,1992)在分析资本市场机构中投资者行为时表示:"投资者同质性和市场信息相似性会导致资本市场机构中投资者在面临同等外部信息时做出类似反应,并在交易活动中展现出羊群行为"。[①] 我国房地产开发企业是一个独立的投资主体,同资本市场机构中的投资者极其相似:都具有高度的同质性、均获得相似的市场信息、都拥有相似的投资手段,因此有理由认为,投资主体羊群效应可以较好地解释当前我国房地产开发投资展露出的非常规空间聚集态势。德科斯特等(DeCoster et al.,2012)认为房地产开发企业的投资行为确实存在羊群效应,并运用羊群效应理论分析了我国房地产开发投资结构性过剩问题。结合我国发展实情,虽然房地产开发商需要面对"融资约束"问题,但是房地产开发投资存在较高的投资回报、相对较快的投资回收周期、较低的准入门槛以及地方政府对房地产业的高度依赖性。这些都催生和放大了房地产开发投资的羊群效应,进一步形成我国房地产开发投资非常规空间集聚态势。

(二)交通基础设施对房地产开发投资空间扩散

随着房地产开发投资空间集聚规模的不断扩大,集聚成本会逐渐增多,到达一定规模后便会产生集聚不经济。集聚不经济发生的地理边界位置主要是在集聚效应作用下引致的城市最远边界,其中这个边界范围内房地产开发投资空间集聚效应从主城区中心区域到边界开始慢慢减弱,当集聚规模超过边界时便会出现集聚不经济。首先,随着投资的过度集中,地区的生产要素成本会逐渐增多,土地价格会升高,地方资源的不足会对生产效率产生负面影响,同时消费水平的提升会导致该地区劳动力成本的上升,促使房地产开发企业的生产成本越来越高。其次,投资的过度集中,会带来人口和企业在短时间内大量涌入该地区,导致住房拥挤、居住环境质量降低、城市内交通拥挤等一系列问题。使得中心区域与外围区域形成了较

[①] Froot K. A., Scharfstein D. S., Stein J. C. Herd on The Street: Informational Inefficiencies in A Market with Short Term Speculation [J]. The Journal of Finance, 1992, 47 (4): 1461-1484.

大的生产成本差距，中心区域内房地产开发企业在竞争压力下会不断向外围区域迁移。

交通基础设施是影响房地产开发投资空间集聚与土地利用的重要制约因素。他不但约束着房地产开发投资空间集聚规模，同时也影响着房地产开发投资的空间分布。在既定交通基础设施约束条件下，交通成本是一定的，商品供求规模以及辐射范围也比较稳定。这时，基于空间的市场竞争，房地产开发投资的均衡规模得以明确，在既定的集聚效应作用下，居民和房地产开发商在各个区位上可能得到的集聚效应也能大致确定，此时区位竞争均衡所引致的土地利用结构也就确定。随着交通基础设施的不断完善，上述房地产开发投资空间集聚与土地利用的均衡也随之被打破，继而进入动态运动过程中，直到产生新的均衡。随着交通基础设施的持续改善，各地区间的壁垒也随即被打破，交通更加便捷、要素流动性更强、区域位置更邻近的城市间产生的相互作用强度也会更大。因此当核心优势地区快速发展后，交通基础设施的扩散效应会使资本、人口等各类要素向周边扩散，从而缩小地区间发展差异，房地产开发投资也会随着周边地区的发展而进入该地区。

三、路径三：房地产开发投资城市内部不同区域区位结构

城市内部不同区域交通基础设施配置程度存在差异。例如，城市内部都会划分为几类环线，内环一般都是中心商业区集聚的地方，交通基础设施更加完善，人们可选择的交通工具更多，出行更加便利，区位优势更加突出，土地价值更高，房地产价值也会提高，特别是城市轨道交通的建设会极大地提升房地产价值（Kim et al., 2005；张维阳等，2012；刘康等，2015，等）。从而进一步刺激该区域房地产开发资本的涌入，城市内部区域的房地产开发投资强度也会随之提高。而对于外环非中心城区，交通基础设施配置有限，居民福利会受损，是房地产开发资本投入的"次优"选择。谷一桢等（2007）认为交通基础设施拥有"磁力效应"，会吸引商业、娱乐等设施向其靠拢，从而引起房地产开发投资呈现环绕式的高密度开发。具体影响机理如下。

（一）交通基础设施与区位再造

区位优势主要来自"初始区位"和后天的"区位再造"，其先天地理位

置的差别与客观性带来的"地理禀赋"差异,就是典型的初始区位优势。在城市发展初期,初始区位优势是影响城市发展速度的关键因素,也是其有别于其他地区的重要特征,为城市后续的建设发展奠定了基调。然而随着经济社会的不断发展,城市的初始区位优势可能会发生变化,假如城市发展规划适宜,充分利用其地理禀赋,则初始区位优势会得到强化,反之,则可能在城市建设发展过程中被弱化,此时,城市的初始区位优势便不再对城市的后续发展与扩张起到关键作用,例如,城市资源的匮乏、产业的升级滞后、人口的流动等因素都将削弱城市的初始区位优势。这时,原本就具有先天地理优势的区域想要延续优势,或者那些不具备先天地理优势的区域想要创造优势都须通过后天的"区位再造"来实现。王新哲(2009)指出"区位优势再造"是城市建设发展过程中区位优势产生的典型特征,原本没有区位优势的城市内部不同区域,经过合理的规划,依靠一些外部条件,如政策或制度的供给施加于原区位条件,进而使得该地区整体区位优势得到创造或加强,重新争取到发展上的优势。交通基础设施在这个过程中扮演了重要角色,交通基础设施水平的不断完善会提高所在区域的通达性及网络联结,从而在本质上使得生产地和消费地间的经济及时间距离相较于其地理距离而言大大降低,减小了运输成本,加快了要素在区域间的流动,改善了该地区投资环境,提升了其竞争力与吸引力,促使该区域在发展过程中形成"增长极",并通过向区域外围扩散从而不断发展形成经济增长中心,进而产生新的区位优势,这便是交通基础设施"再造区位优势"的产生过程。

(二)房地产开发投资与区位选择

房地产开发投资对区位因子有着极强的依赖特性,房地产开发投资由于区位选择导致同一城市内部不同区域存在房地产开发资本规模配置差异,从而形成房地产开发投资城市内部不同区域区位结构。通常房地产开发投资会首选那些区位优势突出的城市内部区域,当区位优势突出的区域房地产开发投资趋于饱和后,房地产开发投资便会向区位优势相对不那么突出的区域转移,并形成又一轮的区位选择。然而事实上,区位优势是动态的,城市的初始区位优势会随着人口流动、资源匮乏、产业升级滞后等因素而变得不再明显,而原本区位优势不突出的城市内部某区域可能因为政府的规划和扶持而形成了再造区位优势,提高了其吸引力与竞争力。因此对房地产开发投资而言,就存在在不同时间与空间进行区位选择的问题,导致同一城市内部不同区域房地产开发资本配置的差异，进而产生了房地产开发投资区位结构问题。

第三节　交通基础设施对房地产开发投资的作用效应

交通基础设施对房地产开发投资具有某种程度的"先导性"，而房地产开发投资对交通基础设施的"依赖性"使得这种"先导性"加强，进而交通基础设施对房地产开发投资的影响作用愈发显著，主要表现为以下几方面。

一、房地产供给有效性变动效应

交通基础设施会影响房地产开发投资规模，而房地产开发投资规模是决定房地产供给的重要因素，也是判断房地产市场发展与繁荣程度的关键指标，投资规模大，代表着房地产供给多，而一旦投资不足就会造成房地产供给缺口。秦俊武（2013）认为房地产供给的有效性表现在供给数量和供给结构上，即消费需求与消费能力相匹配的供给。如果供给总量不足，那么会直接影响房地产市场均衡。但是假使供给总量足够，供给结构不合理，那么也一样会影响房地产市场均衡。目前我国房地产市场价格差异大及高库存等问题就是这个原因导致的。

交通基础设施对房地产供给有效性的作用表现在对房地产供给数量与结构的影响。对房地产供给数量的影响体现在：首先交通基础设施能够促进房地产开发投资总量的增加，进而提高房地产供给数量。其次交通基础设施的"承载能力"约束了房地产供给数量。因此总体而言，一段时间内，交通基础设施发展水平对房地产供给数量有积极作用，但一旦供给数量到达临界值后便不再继续增加而是维持在一个平稳水平。最后，对房地产供给结构的影响主要体现在对房地产开发投资内部结构的影响，由于交通基础设施会影响房地开发投资的空间结构，因此房地产供给结构会随着地区间交通基础设施配置不同而不同。由此可知，房地产供给结构的优化不能只依靠房地产开发资本的自我调节，还需要借助政府的力量，依靠交通基础设施来引导。

二、房地产需求理性程度变动效应

有效需求指与购买能力匹配的需求,是影响房地产市场均衡的另一关键因素。有效需求包括消费需求与投资需求。目前我国房地产市场出现的众多矛盾和房地产市场参与者需求理性变动有着密切关联。房地产需求理性表现在购买者在一定购买能力的前提条件下,对房地产消费或者投资做出的"量入为出"的决定。交通基础设施对房地产市场需求的影响主要是通过居民可支配收入、土地租金及房地产价格的变化而导致购买者在消费与投资间抉择,从而形成对房地产需求理性变化的影响。

本书从房地产市场理性变动(宏观)和购买者理性变动(微观)两方面来分析房地产需求理性在交通基础设施影响下的变动。

首先,宏观层面,房地产市场需求理性变动表现在消费总需求与投资总需求的变动上。我国消费总需求与投资总需求共同作用会导致房地产价格迅速上涨,价格加速上涨会对房地产消费需求带来压力,但是却能为投资需求带来刺激,过多的投资需求又会进一步哄抬房地产价格,同时带来库存压力,如一些地区经过炒房客哄抬价格后却无人居住而成为著名的"鬼城"。这些年我国政府出台的调控政策也表明过多的投资需求是影响房地产市场稳定与健康发展的重要原因。因此,为了满足人们的消费需求,控制投资需求已然成为目前政府调控的主要方针,也是纠正房地产市场需求非理性的主要方式。交通基础设施通过不断改善欠发达地区的配置,将人口、资本等要素引入,提高该地区的吸引力与竞争力,从而增加该地区房地产开发投资,提高有效供给,最大限度满足人们的消费需求,进而平抑价格波动,化解高库存,纠正需求非理性。

其次,微观层面,购买者需求理性在交通基础设施影响下的变动主要表现在三个方面:一是支出理性,即购买者能够"量入为出"。一般而言,房地产占购买者很大一部分支出,家庭债务在一个生命周期内会极大影响消费选择与生活质量(Muellbauer et al., 2007; Mian et al., 2011)。所以,选择和自身购买能力相匹配的房地产商品来满足消费需求非常重要。因为随着区域间交通基础设施水平的不断改善,不同类型的房地产商品在功能上会有趋同趋势,这将利于购买者的理性消费行为。二是地区选择理性,区域间交通基础设施水平的不断改善会改变欠发达地区的居住环境,让该地变得更加"宜居",进而影响购买者的区位选择,逐渐从中心城区流出,这也利于实现城市均衡发展思想。三是投资需求理性，房地产投资需求最终目的是通过房地产价值的提升从而获得高额收益，但是如果房地产价值涨幅变小那么会拉长投资回报周期，投资收益也会有限，此时资本就会流向其他收益较高但风险更小的领域。随着交通基础设施水平的不断改善、房地产有效供给的增加和国家宏观政策的影响，房地产市场将不会是资本逐利的最佳场所，投资需求也会变得更加谨慎。

三、房地产价值变动效应

分析交通基础设施对房地产的价值变动效应，需要弄清房地产价值的划分方式，按照舒东和郝寿义（2003）对房地产价值的划分方式，将房地产价值细分为"实体价值"与"功能价值"，其中"实体价值"表示房地产产品看得见部分的价值，即土地及其附着物。"功能价值"则是除去"实体价值"后的不可见部分价值，并再将"功能价值"划分为"固有功能市场价值"与"附加功能市场价值"。如图2-10所示，固有功能市场价值表示房地产商品的基本属性，与房地产实体价值关系密切，同时在未来不会发生变动，例如，为人们提供居住、办公等作用，这是房地产商品存在的基本意义。附加功能市场价值指人们对房地产产品功能的诸多诉求，特别是随着社会的发展，现代房地产产品不再仅仅满足单纯的居住或办公等功能，还有更多的功能需求，如娱乐、自我发展等。对于层出不穷的新功能需求，房地产产品本身无法完全实现，它必须借助其他实物载体来满足，如交通基础设施等，一旦缺失这些，那么房地产商品只是具有"实体价值"与"固有功能价值"，其"附加功能价值"由于缺失了可依附的载体而没有或者很低。所以，对于房地产开发投资而言，开发所在地区是否拥有充足的交通基础设施供给用以满足房地产商品的"附加功能价值"依附载体的诉求，这既是购买者选择的重要因素，也是房地产开发企业考虑的关键因素。从而，交通基础设施对房地产价值的影响会进一步约束房地产开发投资与供给。

房地产开发投资的最终目的在于以最小成本获得最大收益，那么基于价值变动层面，交通基础设施对房地产开发投资行为的影响表现在以下方面。

首先，城市"区位再造"和房地产开发资本配置。城市经济理论指出区位是影响房地产开发投资行为与消费者选择的关键性因素。例如，城市既

第二章 交通基础设施对房地产开发投资变动影响的机理分析

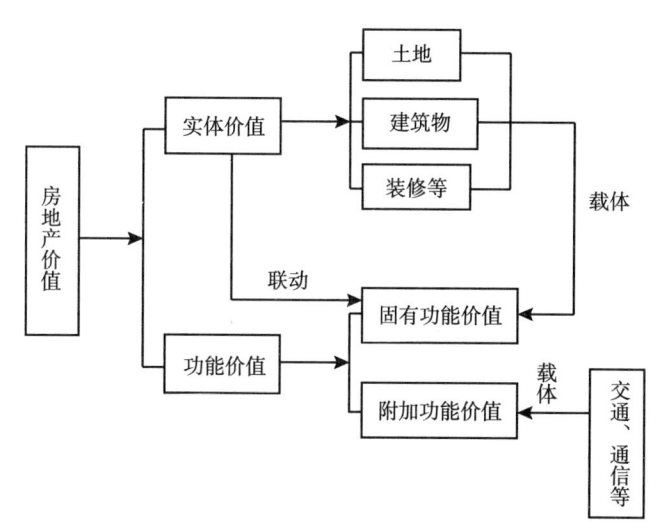

图 2-10 房地产价值分解及变动

定的地理禀赋决定了现有城市的空间格局与区位优势,房地产开发资本最先会选择这些地理禀赋佳的地区先行配置,而随着城市的不断发展,特别是城市化进程的推进,新的交通基础设施供给会在非优势地区提供,继而让那些原本在"首轮选择"中被遗漏的非优势地区进行区位优势重塑,"区位再造"形成的区位优势就会吸引房地产开发投资开始新一轮的配置。一轮轮交通基础设施"区位再造"与房地产开发投资"反复选择"的过程将伴随着城市经济增长一直持续,直到城市发展饱和,没有可供开发的新区域为止。

其次是交通基础设施和房地产开发建设成本。对于房地产商而言,成本最小化是获得最大收益的重要途径,完善的交通基础设施能够降低运输成本,从而有效地减少房地产开发的建设成本,如各种材料的运输费用。房地产开发成本的降低会提高开发商的投资动机。

最后是交通基础设施和房地产开发收益。房地产开发商的根本目的是成本最小的前提下获得最高收益,那么交通基础设施除了能够有效降低房地产开发建设成本外,还能够利用"区位再造"后形成的区位价值提升来实现收益最大化。交通基础设施的供给是否充足将决定城市的区位价值与可供开发土地的稀有程度,此时,房地产商品的"附加功能价值"便能获得极大的提升,与此同时房地产商品的投资属性也将得到充分显现,该地区的房地产价格会高于其他地区,这时房地产开发商便能从中获取高于其他区域的开发收益，开发商便会增加该地区房地产开发资本的投入。

从消费者角度来看，房地产商品的特殊性在于它既是消费品又是投资品。况伟大（2010）指出房地产具备资源与资产双重属性。对于消费性需求而言最大的诉求是居住，而对于投资性需求而言则是希望通过房地产价值的增加获得投资收益。

那么交通基础设施如何影响购买者的消费性需求？通常而言，城市中心区域配套设施会相对更完善，一般都会具有良好的交通、休闲娱乐与卫生保障等设施，因此该地段的房地产商品能够很好地满足消费者的多样化需求，从而使该地段的房地产资源也相对更加稀缺，消费者对于此类房地产需求会更加强烈，这也能够解释现实中城市中心地段的房地产商品即使销售价格高于其他地段但是都能快速售罄且供不应求的现象。当城市中心地段可供利用开发的土地受限后，便会向周边扩张，此时城市郊区会变为政府和房地产商争夺的战略要地。原先交通等配套设施并不完善的城市郊区会随着城市的发展而变得越来越完善，交通所带来的"区位再造"会重塑区位优势，此时在中心地段买不起房的消费者会退而求其次的选择该区域，从而满足其居住需求。

对于投资性需求而言，购买者关心的是房地产价值是否能在短期内迅速升值，只有当房地产价值增加远远大于购买者所支付的交易成本后，购买者才能获得高收益，此时投资性需求才会旺盛。而房地产价值的提升主要体现在交通基础设施的建设会增加房地产商品的"附加功能价值"，从而实现投资者资本的保值增值。

第三章 中国交通基础设施与房地产开发投资的发展演化及空间格局分析

第一节 中国交通基础设施的发展演化

一、公路交通基础设施建设

1956年我国公路营运里程只有16.73万公里，公路密度也只有0.017公里/百平方公里。但随后国家便对公路交通基础设施开始了恢复性建设：20世纪60年代，国家在大力兴建公路的时候也开始注重强化公路技术改造，高级及次高级路面道路逐渐增多；20世纪70年代中期，国家对青藏公路进行了技术改造；20世纪80年代，我国修建了世界海拔最高的沥青路面公路。从新中国成立初期到1978年这近30年时间里，虽然国民经济发展缓慢，但公路建设依然稳步发展，到1978年公路营运里程达到了89.02万公里，公路密度也到达约9.27公里/百平方公里，年均增速约为3万公里。[①]

1978年后，我国经济飞速发展，公路运输需求日益增加，公路交通基础设施面临着历史性转变，体现在：一是公路交通基础设施发展的重要性得到中央及地方政府的高度重视；二是国家开始有规划的发展公路交通基础设施，例如，19世纪八九十年代先后出台《国家干线公路网（试行方案）》和《国道主干线系统初步方案》，这为后续公路发展提供了明确的总体与阶段性目标；三是公路交通基础设施建设质量得到提升，国家开始重

---

① 资料来源：EPS数据库。

新发展格局下交通基础设施对房地产开发投资变动的影响

视高速公路的建设,道路等级制度不断完善;四是公路建设资金融资渠道变得多元化,渐渐改变了我国公路交通基础设施建设资金短缺的状况,特别是1979年颁布的《关于公路养路费征收和使用的规定》和1985年颁布的《车辆购置附加费征收办法》。从统计数据看,如图3-1所示,截至2021年,我国公路营运里程达528.07万公里,是1978年的5.93倍。等级公路里程比重也从改革开放初期的57.80%提升至2021年的90.00%。区域间公路交通条件得到明显改善,初具规模的全国公路交通运输体系逐步形成。

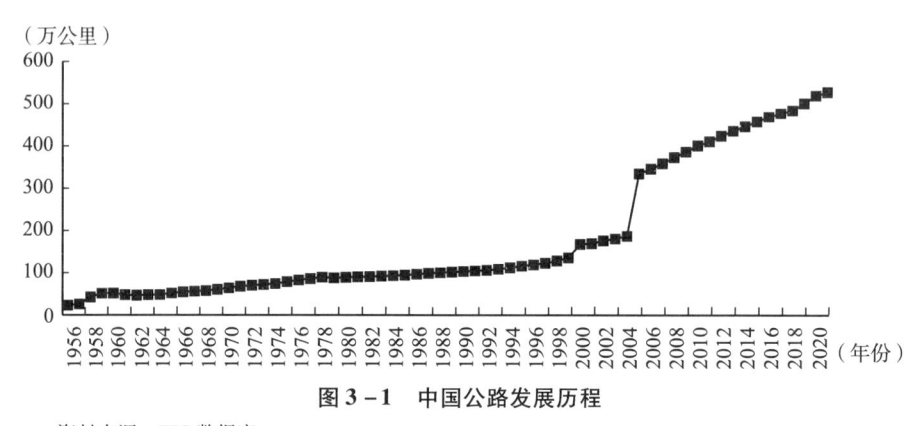

图 3-1 中国公路发展历程

资料来源:EPS 数据库。

改革开放后,全国公路建设质量也得到很大提高,特别是高速公路的兴建标志着交通运输业迈入现代化,尤其是1998年后,全国高速公路得到飞跃式发展,年均营运里程增幅超过4 000公里。2021年,全国高速公路营运里程已达16.9万公里,跃居世界第一位。[①] 覆盖了全国各省、自治区和直辖市,长三角、珠三角及环渤海等发达地区高速公路网络也在加速修建。图3-2为我国高速公路发展历程。高速公路的迅猛发展,很大程度上提升了全国公路系统的技术水平,优化了交通基础设施结构,并能在一定程度上消除交通运输的"瓶颈",对我国经济与社会发展有着极大的推动作用。2004年,国家颁布了《国家高速公路网规划》,该方案提出用30年时间,建设完成全国高速公路网络系统。到2010年已经建成了5.5万公里,完成了"东网、中联、西通"的目标。

---

① 中国交通这十年《数说交通》16.91万公里:中国高速公路总里程世界第一 [EB/OL]. https://www.sohu.com/a/592166833_100031334,2022-10-12.

第三章 | 中国交通基础设施与房地产开发投资的发展演化及空间格局分析

（万公里）

图 3-2 我国高速公路发展历程

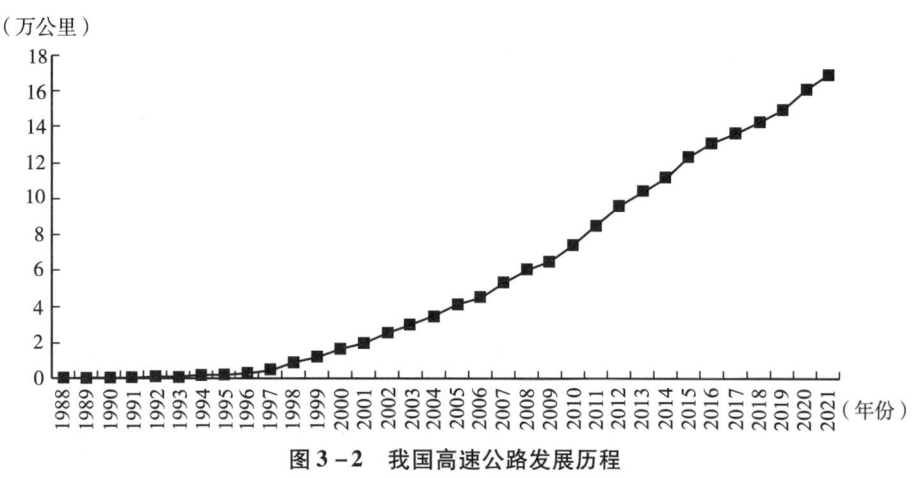

资料来源：EPS 数据库。

二、铁路交通基础设施建设

新中国成立以来，经过 70 多年的发展，我国铁路营运里程和铁路网密度不断增长，如图 3-3 所示，到 2021 年，我国铁路总里程已经达到约 15.04 万公里，比新中国成立初期提高了 6.90 倍。新增产能中国家铁路电气化里程到 2021 年达 11.08 万公里，铁路复线里程也达 8.96 万公里。目前，我国各省、自治区、直辖市都有与北京相连的铁路，初步形成了覆盖全

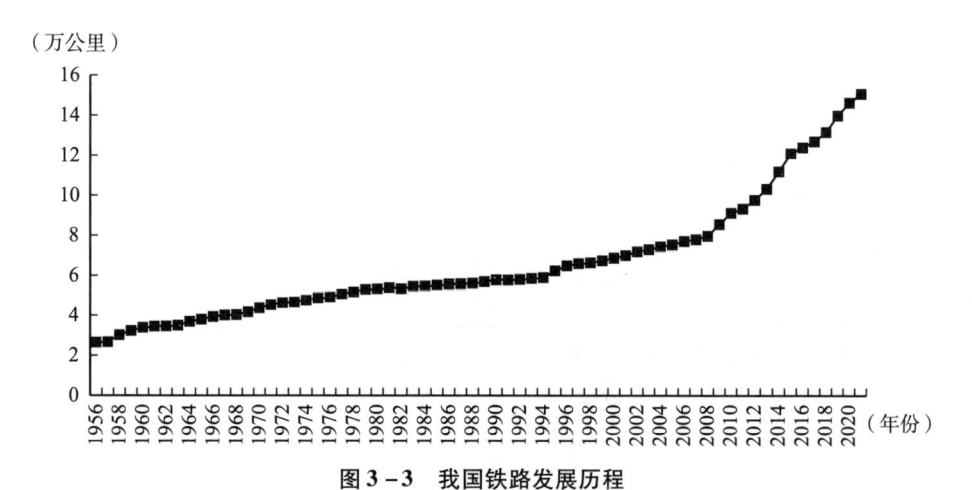

（万公里）

图 3-3 我国铁路发展历程

资料来源：EPS 数据库。

国范围的铁路交通基础设施网络体系，这有利于提升全国客、货运输能力，也为国家实施西部大开发、中部崛起等区域平衡发展战略提供了基础。

我国铁路运营质量也得到跨越式发展，例如，新增产能的高速列车是在一系列新标准、新技术的基础上建设的新型列车。2004年我国攻下了动车组核心技术后，2008年我国第一条高速铁路——京津城际铁路通车，到2015年，我国高速铁路营运里程已经跃居世界第一。高速铁路的飞速发展超出了很多人的想象。2008年全国高速铁路总营业里程只有671.50公里，到2021年已经达40 139.35公里。复线里程由1978年的7 600公里增加至2021年的89 581.40公里，比重也从1978年的15.70%上升至2021年的59.43%。自动闭塞里程从改革开放初期的6 000公里上升至2014年的35 395.93公里，比重也从12.40%提升到2014年的52.84%，部分年份数据如表3-1所示。

表3-1　　　　　　　　部分年份铁路运行质量

指标	1978年	1993年	1998年	2003年	2008年	2012年	2014年	2016年	2021年
国家铁路营业里程（万公里）	5.17	5.86	6.64	7.30	7.97	9.76	11.18	12.40	15.04
高速铁路（公里）	—	—	—	—	671.50	9 356.00	16 456.00	22 000.00	40 139.35
高速铁路里程比重（%）	—	—	—	—	0.84	9.58	14.70	17.74	26.63
复线里程（公里）	7 600.00	14 315.00	19 673.00	23 702.00	26 598.85	30 661.00	32 545.76	68 072.60	89 581.40
复线里程比重（%）	15.70	26.60	34.20	39.20	41.58	46.20	48.58	54.90	59.43
自动闭塞里程（公里）	6 000.00	12 200.00	21 042.00	21 920.00	28 099.60	37 300.00	35 395.93	—	—
自动闭塞里程比重（%）	12.40	22.70	36.50	36.30	43.92	56.26	52.84	—	—

资料来源：Wind、EPS数据库。

三、交通运输能力的发展

我国交通基础设施运输能力是通过交通运输业的各项指标（客运量、

货运量、客运周转量与货运周转量）来度量的。新中国成立以来，尤其是改革开放后，我国交通运输能力得到了飞速发展。

(一) 总运量的发展历程

货运量和货运周转量在一定程度上可以反映出我国国民经济的运行状况。新中国成立后，历经三年恢复期和两次"五年计划"的实施，我国经济得到快速发展，货运量在1949~1960年逐渐上升，但随后由于国民经济发生动荡，从1960年后，货运量和货运周转量都开始减少，直至1971年才复原到1960年的水平。1978年后，货运量和货运周转量开始跨越式发展，到2021年货运量达5 298 499万吨是改革开放初期的16.59倍，货运周转量达到223 600.38亿吨公里，是改革开放时期的22.52倍，具体如图3-4和图3-5所示。

客运量和客运周转量在某种程度上体现出人们出行状况的变动，随着经济增长与生活质量的不断提高，客运量和客运周转量也开始稳步上升，与货运量和货运周转量发展轨迹相似，客运量和客运周转量在1949~1962年逐渐上升，但由于国民经济发生动荡，从1963年后，两个指标数值都开始下降，直到1971年才恢复至1962年的水平。改革开放后又得到迅速发展，到2021年客运量达830 256.61万人，是改革开放初期的3.27倍，客运周转量达19 758.15亿人公里，是改革开放初期的11.34倍，但2012年后总客运量开始回落，这有可能因为居民生活质量的不断提升，私家车数量日益增多，自驾游逐步成为趋势，人们对公共交通的依附性开始下降。具体如图3-4和图3-5所示。

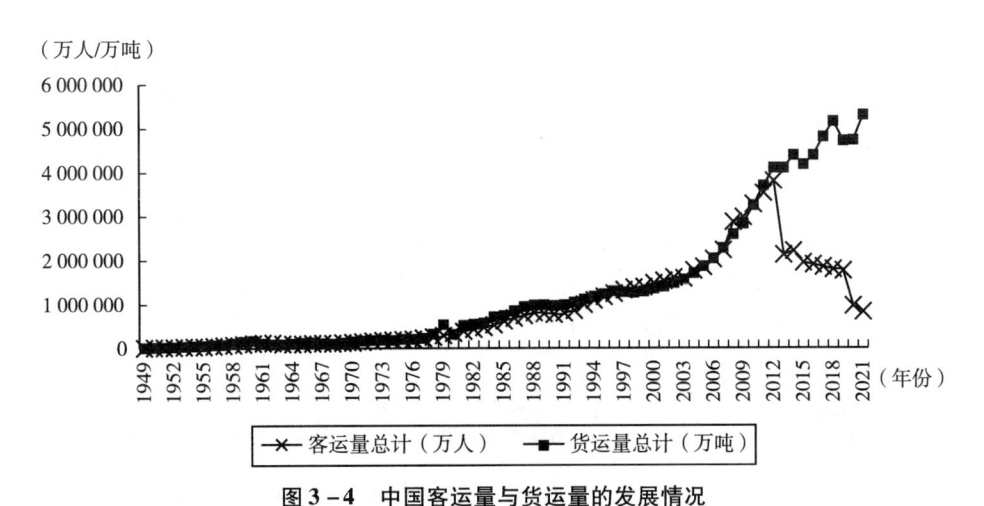

图3-4 中国客运量与货运量的发展情况

资料来源：EPS数据库。

(亿人公里/亿吨公里)

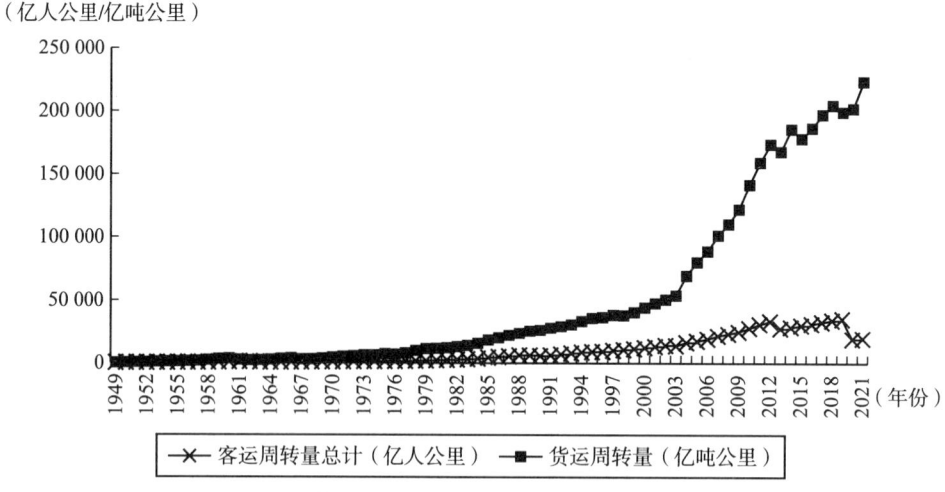

图 3-5 中国客运周转量与货运周转量的发展情况

资料来源：EPS 数据库。

（二）各种运输方式运量的发展历程

从采用不同运输方式的客运量来看，铁路在 20 世纪 70 年代占绝对主导地位，但随着我国公路建设的迅猛发展，公路运输慢慢取代了铁路的主导位置。至 2010 年我国公路客运占整个运输方式客运量的比重已经突破 90%，公路客运量由 1949 年的 1 809 万人上升至 2021 年的 508 693.25 万人，提高了 280.2 倍，但从 2013 年开始公路客运量开始回落，这有可能因为居民条件逐渐改善，私家车数量日益增多，自驾游逐步成为趋势，人们对公路交通的依附性开始下降。反观铁路客运的发展却不是那么顺遂，1949～1961 年间铁路客运量是持续上升的，但随后急速下降，直到 1966 年才又开始缓慢提升，到 1988 年铁路客运量达到小高峰，此后一直维持在 10 亿人水平，直到 2005 年后才开始快速发展。总体而言，铁路客运量占整个运输方式客运量的比重由新中国成立时期的 75.19% 下降至 2021 年的 31.46%，具体如图 3-6 所示。目前公路和铁路客运量在总客运量中依然占据主导地位。

与客运运输发展轨迹类似，我国不同交通方式货运量在 1949～1960 年间平稳升高，从 1960 年后，公路货运量和铁路货运量都开始减少，直至 1971 年后才逐渐恢复。1978 年后，公路货运量开始跨越式发展，年均增速约 4 亿吨，到 2021 年是 1949 年的 491.51 倍，占总货运量的比重也从 1949

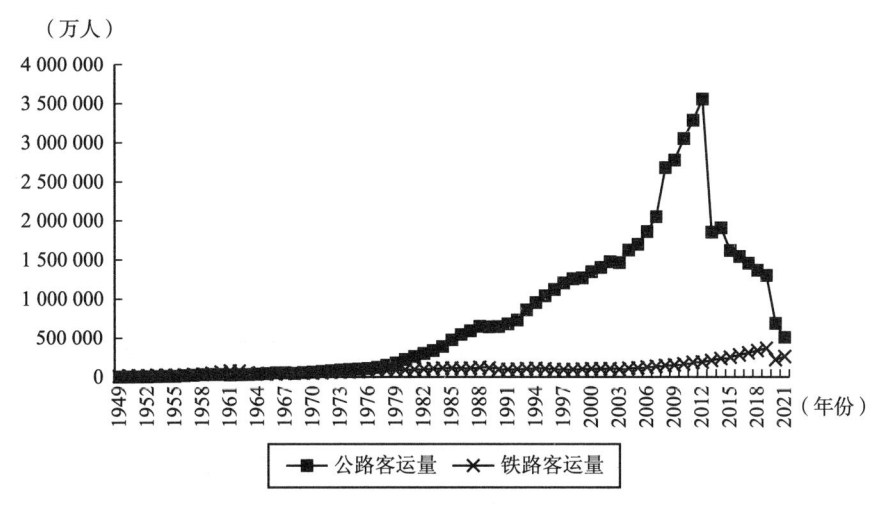

图 3-6 各种运输方式客运量的变化

资料来源：EPS 数据库。

年的 49.47% 提升至 2021 年的 73.87%。铁路货运量增长速度相较于公路货运量缓慢，到 2021 年是 1949 年的 85.41 倍，占总货运量的比重为 9.01%，具体如图 3-7 所示。目前公路和水运货运量在总货运量中占主导地位。

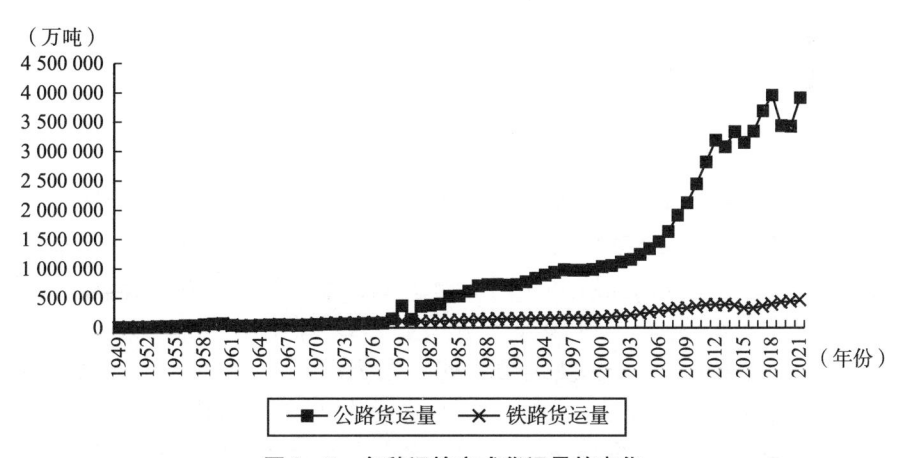

图 3-7 各种运输方式货运量的变化

资料来源：EPS 数据库。

客运周转量主要体现人们出行的次数和距离。新中国成立后，不同运输方式的客运周转量都稳步上升，尤其是改革开放后增长幅度加剧，2012年公路客运周转量达到最大水平后开始回落，这也与居民生活质量提高，自驾游趋势上升有关，到2021年公路客运周转量已经是1949年的455.72倍。铁路客运周转量增幅相对缓慢，1962年后开始小幅度回落，到1971年后又开始平稳上升，到2021年达到1949年的73.59倍。从统计数据看，公路客运周转量占总客运周转量的比例从1949年的5.14%上升至2021年的18.36%，铁路客运周转量的比例则由1949年的83.88%下降至2021年的48.42%。目前公路和铁路客运周转量在总旅客周转量中依然占据主导地位，具体如图3-8所示。

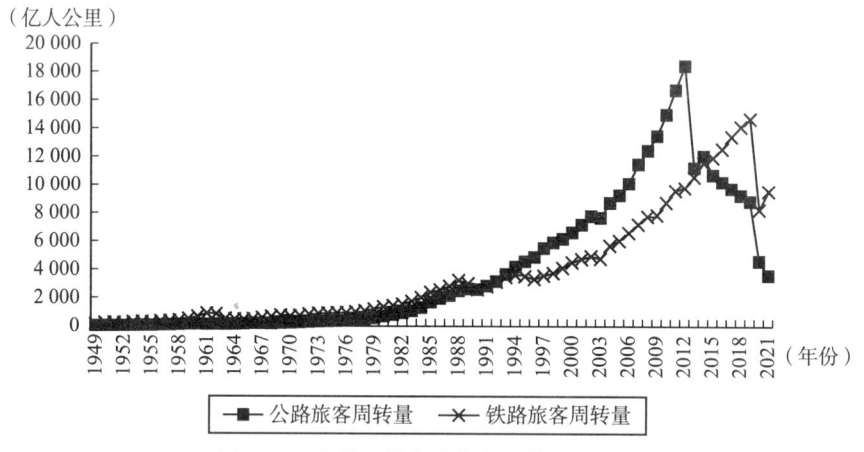

图3-8 各种运输方式旅客周转量的变化

资料来源：EPS数据库。

在货运周转量方面，不同运输方式下的货运周转量都保持着平稳上升趋势，但受到国民经济动荡的影响，从1960年后均开始回落，其中公路货运量受到的影响更大，直到1970年后才开始恢复，改革开放后公路和铁路货运周转量均快速增长，到2021年分别是1949年的8 487.43倍和180.64倍。从所占比重来看，公路货运周转量占总货运周转量的比例由1949年的3.19%增长至2021年的30.90%。铁路货运周转量的比重则由1949年的72.16%下降至2021年的14.86%。目前公路和水运货运周转量在总货运周转量中占据主导地位。具体如图3-9所示。

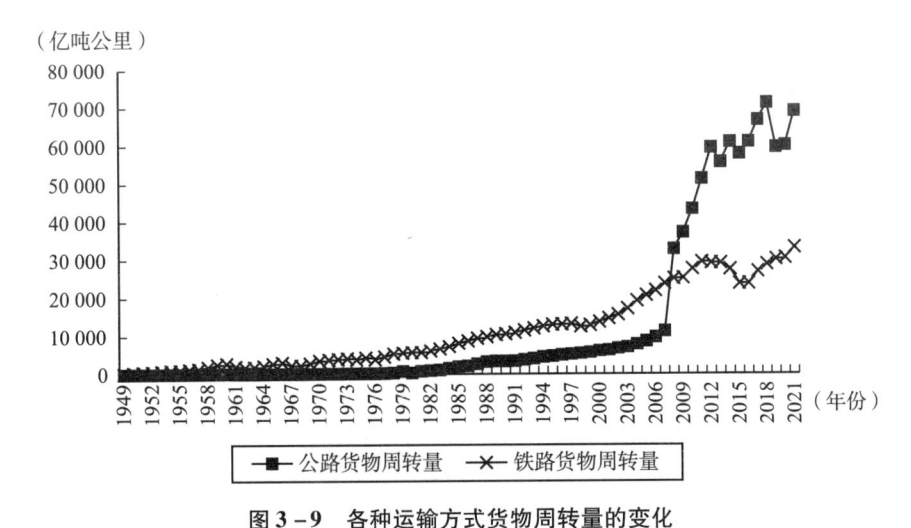

图 3-9 各种运输方式货物周转量的变化

资料来源：EPS 数据库。

第二节 中国各地区交通基础设施发展水平差异

从上节分析可知，交通基础设施规模在不同时期有着明显变化，改革开放后，我国运输需求不断上升，交通基础设施建设力度也大大提高。我国幅员辽阔，不同区域交通基础设施建设规模有着较大差别，由于经济增长水平不同，各区域交通基础设施运量也有着明显差异，本节将分析我国各个地区交通基础设施的空间格局。

一、中国各省份的交通基础设施建设

表 3-2 显示了 1979~2021 年间部分年份我国各省份交通基础设施建设变化情况。交通基础设施建设水平主要通过交通密度指标衡量，即公路里程与铁路营业里程之和除以各省份土地面积，在一定程度上可以反映经济发展水平的变化。从表 3-2 可知，改革开放后，各省份交通基础设施建设水平日益提高，2021 年交通基础设施建设水平最高的十个省份分别为重庆、上海、山东、安徽、河南、湖北、江苏、天津、北京和江西。它们占全国交通基础设施密度的比例高达 51.88%。而排名后五位的省份分别是西藏、

青海、新疆、内蒙古和甘肃。从统计数据可以看出,改革开放后虽然经过 40 多年的发展,但我国交通基础设施建设水平完善的地区还是集中在中东部,尤其是东部发达地区,西部地区交通基础设施建设水平较弱,区域交通基础设施配置差异明显,这也与我国东中部地区经济相对更发达、人均可支配收入更高、人口密度更大等因素有着很大关系。

表 3-2　　　　部分年份各省份交通基础设施发展变化　　单位:公里/百平方公里

省份	交通基础设施密度									
	1979 年	1985 年	1990 年	1995 年	2000 年	2005 年	2010 年	2012 年	2014 年	2016 年	2021 年
北京	48.08	55.85	63.38	76.26	87.48	94.18	132.64	135.53	137.70	138.63	141.80
天津	34.51	37.17	39.82	42.86	83.59	101.78	138.17	143.88	151.16	157.74	146.00
河北	22.75	23.44	25.17	29.53	33.43	42.91	84.85	89.86	98.80	104.10	114.70
山西	18.81	19.81	21.23	23.19	37.05	46.52	86.63	90.56	93.04	94.28	96.53
内蒙古	2.38	3.63	4.09	4.21	6.12	7.21	14.11	14.64	15.42	17.62	19.17
辽宁	23.43	26.64	30.16	32.37	33.69	39.54	72.53	75.78	82.63	86.48	94.81
吉林	14.43	14.82	15.99	18.63	20.66	28.75	50.41	52.08	53.66	57.38	60.75
黑龙江	10.38	11.10	11.57	11.92	12.16	15.99	34.68	36.30	37.05	37.54	38.59
上海	36.51	36.51	53.97	64.87	73.41	133.00	196.77	206.46	212.86	218.37	215.45
江苏	19.49	22.51	24.85	26.09	28.26	82.22	148.37	152.51	156.14	156.02	158.32
浙江	19.12	23.73	28.92	34.33	41.57	48.91	109.76	113.07	116.39	119.25	124.74
安徽	17.97	20.39	22.71	26.47	33.14	53.80	108.97	120.56	127.36	144.47	173.82
福建	27.30	30.49	34.63	39.22	42.85	49.38	76.77	79.90	85.70	90.65	94.82
江西	18.56	19.94	20.84	21.87	23.56	38.76	85.89	91.87	95.34	99.35	129.52
山东	23.89	24.92	27.94	36.83	47.52	54.26	151.95	161.82	172.01	176.31	192.03
河南	23.63	25.29	27.93	31.86	40.03	50.06	149.32	152.42	152.73	163.48	166.52
湖北	24.85	25.17	26.53	27.18	32.19	50.38	112.73	119.40	129.64	142.18	162.53
湖南	27.00	27.62	28.31	29.10	29.81	43.01	109.39	112.31	113.69	114.73	117.02
广东	34.72	36.28	30.94	47.54	57.39	65.31	107.15	109.88	120.07	123.47	126.81
广西	13.85	14.82	16.19	18.22	23.27	27.43	44.49	47.08	50.70	53.28	70.28
海南	41.66	38.19	38.54	44.14	51.77	62.89	64.50	73.41	78.52	86.03	123.76
重庆	0.00	23.54	25.71	27.41	36.27	47.98	143.80	148.46	156.95	176.21	226.57

续表

省份	交通基础设施密度									
	1979年	1985年	1990年	1995年	2000年	2005年	2010年	2012年	2014年	2016年	2021年
四川	16.87	19.15	20.81	21.57	19.36	24.44	56.01	61.70	65.17	68.29	84.03
贵州	16.36	16.70	18.52	19.25	20.59	27.77	87.30	94.66	103.10	110.74	119.92
云南	11.95	13.33	15.18	18.25	29.08	44.34	55.23	57.83	60.87	63.06	79.74
西藏	1.29	1.76	1.78	1.82	1.83	3.56	5.00	5.35	6.21	6.75	9.88
陕西	17.27	18.97	19.36	20.23	22.48	28.03	73.71	80.50	83.50	86.14	91.95
甘肃	7.84	7.72	8.12	8.25	9.16	9.60	26.70	29.42	31.14	32.38	35.63
青海	2.28	2.36	2.47	2.54	2.74	4.27	8.87	9.39	10.36	11.21	12.34
宁夏	10.84	11.17	12.95	14.09	16.37	20.89	35.79	41.88	49.04	53.10	59.12
新疆	1.32	1.42	1.61	1.90	2.22	5.56	9.46	10.28	10.90	11.32	13.56

资料来源：Wind、EPS 数据库。

二、中国各省份的客运需求

我国各省份交通基础设施客运需求差异也很明显。客运需求主要由客运量和客运周转量这两个指标来度量，在一定程度上可以呈现出人们生活水平的变化。从客运量看，我国各个省份客运量都在稳步上升，但增长速度却存在差异。2021 年我国客运量排名前六的省份分别是江苏、四川、广东、河南、湖南和浙江，它们占总客运量的比例达 41.84%。而排名后五位的省份分别是海南、内蒙古、宁夏、青海与西藏，它们占总客运量的比例仅约为 2.83%，具体如表 3-3 所示。

表 3-3　　　部分年份各省份交通基础设施的客运需求变化

省份	客运量（百万人）					旅客周转量（亿人公里）				
	2000年	2005年	2010年	2016年	2021年	2000年	2005年	2010年	2016年	2021年
北京	176.1	80.4	1 350.5	615.2	366.7	118.2	137.1	390.2	268.5	149.6
天津	35.3	45.1	245.3	183.8	123.9	91.6	117.5	269.0	262.1	171.0
河北	656.1	808.9	908.5	507.0	150.1	795.8	989.8	1 172.9	1 238.1	682.1
山西	318.1	399.8	384.2	263.7	118.1	219.3	289.4	371.8	360.6	221.3

续表

省份	客运量（百万人）					旅客周转量（亿人公里）				
	2000年	2005年	2010年	2016年	2021年	2000年	2005年	2010年	2016年	2021年
内蒙古	233.3	317.8	240.4	157.4	62.8	200.1	287.3	388.5	375.0	164.8
辽宁	516.9	601.0	1 015.3	736.3	274.1	495.8	599.9	905.3	936.1	431.4
吉林	240.2	276.0	644.9	349.1	134.7	206.7	244.7	475.7	431.3	208.7
黑龙江	498.1	554.1	469.0	393.9	134.8	377.4	432.2	503.0	471.1	190.2
上海	51.8	79.9	102.3	144.2	111.3	73.6	128.4	181.0	214.4	134.7
江苏	1 071.8	1 451.2	2 260.7	1 335.8	673.0	762.7	1 193.6	1 549.5	1 468.5	991.5
浙江	1 244.6	1 611.2	2 269.5	1 050.2	463.6	609.8	848.5	1 250.7	1 075.0	713.6
安徽	619.8	726.6	1 593.9	811.1	275.6	519.3	782.3	1 478.5	1 187.2	753.6
福建	673.2	551.2	758.0	516.5	196.1	403.9	397.1	486.5	593.3	314.0
江西	355.3	415.2	764.5	628.8	243.0	418.9	592.4	895.6	970.7	603.9
山东	355.3	415.9	764.5	628.8	299.8	549.1	827.8	1658.3	1 188.9	706.8
河南	839.5	979.1	1 672.3	1 205.2	507.2	759.4	998.3	1 797.7	1 684.3	985.3
湖北	628.3	705.2	1 032.7	1 029.9	330.4	512.3	663.0	1 064.7	1 232.3	620.8
湖南	874.6	1 160.9	1 564.5	1 217.6	506.6	714.6	1 011.5	1 402.6	1 500.9	857.7
广东	1 085.3	1 499.0	4 561.4	1 303.5	536.0	937.1	1 448.4	2 203.4	1 887.5	940.9
广西	422.1	514.0	757.5	487.0	279.2	451.5	557.7	879.1	743.8	521.9
海南	199.7	267.9	442.1	139.1	89.4	60.5	89.5	154.9	120.4	89.9
重庆	566.7	633.1	1 260.7	612.6	327.5	242.7	280.0	461.7	506.3	281.2
四川	1 236.8	1 685.2	2 418.3	1 237.5	602.9	496.8	682.3	1 066.1	941.6	596.6
贵州	531.2	644.5	708.2	894.6	258.6	238.4	312.4	475.3	674.9	410.2
云南	332.5	407.9	394.1	465.2	205.8	205.5	291.0	439.9	446.1	283.4
西藏	1.0	3.9	81.7	11.6	9.4	4.1	18.4	32.2	39.8	30.2
陕西	284.9	387.3	931.7	698.2	205.9	331.1	486.2	747.1	755.7	435.5
甘肃	129.0	178.0	537.7	416.3	154.9	226.0	302.9	539.7	613.4	335.9
青海	35.9	48.9	109.5	59.3	24.7	29.7	43.4	94.2	125.1	85.0
宁夏	55.0	70.7	135.6	87.6	35.7	52.1	62.4	98.8	109.7	55.9
新疆	146.3	243.1	319.4	321.5	160.3	186.8	306.2	420.8	458.1	260.8

资料来源：Wind、EPS数据库。

从客运周转量来看，改革开放后各个省份客运周转量也得到快速提升，2021年客运周转量排名前六的省份分别是江苏、河南、广东、湖南、安徽和浙江，它们占全国总客运周转量的比例约达39.63%，而客运周转量最小的五个省份分别是上海、海南、青海、宁夏和西藏，它们仅占全国总客运周转量的2.99%，具体如表3-3所示。

交通基础设施客运需求会受到许多因素的影响，主要包括人们的可支配收入、人口数量、消费结构等指标。一般而言，居民可支配收入水平的上升会促使他们愿意去更远的地方或者花费更多的预算在交通上。人口越多的省份，客运需求也会相对更高。从统计数据来看，2000~2021年间，虽然经过了20多年的发展，但我国各省份的客运需求差异依然显著，我国客运需求还是集中在东中部地区，尤其是东部发达地区，而西部地区客运需求最少。

三、中国各省份的货运需求

表3-4显示了2000~2021年间部分年份我国各省份交通基础设施货运需求的变化情况。从表中可以看出，各省份货运需求差异也很明显。货运需求主要由货运量和货物周转量这两个指标来衡量，它们在一定程度上可以体现交通运输业生产的总成果。从货运量来看，各省份货运需求都是稳步上升的，2021年货运量较高的六个省份分别是安徽、广东、山东、浙江、江苏和河北，它们占全国总货运量的比重高达38.63%，而货运量较小的五个省份分别是宁夏、海南、北京、青海和西藏，它们占全国总货运量的比例为2.32%，具体如表3-4所示。

表3-4　　　　部分年份各省份交通基础设施的货运需求变化

省份	货运量（百万吨）					货物周转量（亿吨公里）				
	2000年	2005年	2010年	2016年	2021年	2000年	2005年	2010年	2016年	2021年
北京	307.1	321.1	217.6	207.3	234.2	363.1	582.1	876.9	825.4	1 077.3
天津	260.3	392.2	400.1	505.1	564.4	4 621.9	12 593.0	10 065.1	2 302.3	2 677.6
河北	756.0	883.4	1 566.0	2 105.9	2 612.1	2 323.9	5 068.1	8 071.1	12 332.7	14 769.5
山西	863.6	1 336.6	1 243.7	1 670.8	2 176.2	866.0	1 690.9	2 840.0	3 565.5	6 444.7
内蒙古	444.3	691.9	1 372.3	1 867.3	2 159.8	943.2	1 437.1	4 712.9	4 341.7	4 933.8

续表

省份	货运量（百万吨）					货物周转量（亿吨公里）				
	2000年	2005年	2010年	2016年	2021年	2000年	2005年	2010年	2016年	2021年
辽宁	806.6	955.6	1 584.8	2 070.6	1 792.4	1 745.5	3 350.5	9 029.1	12 113.5	4 524.7
吉林	294.5	341.6	407.3	450.6	535.9	492.1	605.9	1 282.2	1 478.5	2 068.6
黑龙江	535.5	618.0	593.1	535.7	551.5	918.0	1 167.4	1 826.1	1 532.5	1 744.8
上海	467.9	686.4	872.6	883.2	1 547.9	6 286.9	12 128.1	18 918.2	19 317.8	34 074.6
江苏	862.7	1 112.3	1 790.1	2 020.5	2 946.8	1 459.3	2 993.2	5 589.5	7 653.8	11 788.6
浙江	752.8	1 269.0	1 710.4	2 155.6	3 280.4	1 199.8	3 417.0	7 117.1	9 789.3	12 937.5
安徽	439.4	671.3	2 281.0	3 645.7	4 014.2	1 050.9	1 566.1	7 153.4	10 896.4	11 068.0
福建	361.1	412.0	660.8	1 203.5	1 661.1	929.2	1 573.1	2 976.7	6 070.6	10 159.1
江西	235.0	340.0	1 006.4	1 381.2	1 986.9	645.0	885.2	2 719.5	3 897.8	4 884.7
山东	925.0	1 447.5	3 013.1	2 853.9	3 427.3	4 033.0	5 551.0	11 832.5	8 884.3	12 049.7
河南	608.9	787.0	2 029.6	2 060.9	2 555.5	1 553.5	2 352.5	7 202.5	7 383.5	10 674.6
湖北	390.1	467.7	934.0	1 624.6	2 147.6	1 081.1	1 415.5	3 097.3	5 922.9	6 742.9
湖南	509.6	775.3	1 495.4	2 065.3	2 244.7	1 066.4	1 628.5	2 926.8	4 056.9	2 897.7
广东	846.3	1 192.9	1 923.4	3 668.4	3 865.4	3 037.4	3 860.5	5 711.4	21 801.7	28 031.5
广西	296.4	382.3	1 154.8	1 607.6	2 161.7	707.0	1 098.3	2 926.9	4 260.4	4 882.0
海南	66.8	101.8	224.6	217.9	279.9	310.0	448.8	995.0	1 060.8	8 771.8
重庆	267.2	393.3	813.8	1 079.7	1 445.9	289.5	625.5	2 015.6	2 968.3	3 846.5
四川	514.8	673.5	1 343.1	1 609.7	1 843.1	622.9	916.1	1 807.5	2 504.1	3 078.9
贵州	156.2	217.7	397.4	895.5	969.9	404.1	646.5	1 005.9	1 482.3	1 435.9
云南	520.2	620.2	515.6	1 155.0	1 350.1	481.9	680.6	947.3	1 600.1	1 868.3
西藏	1.3	3.6	9.8	19.7	45.8	13.5	40.7	38.5	124.6	150.1
陕西	292.0	415.5	1 044.1	1 490.5	1 606.9	573.0	1 028.8	2 464.6	3 444.9	3 945.0
甘肃	230.7	266.5	302.7	606.6	761.1	639.5	983.2	1 763.9	2 170.1	2 887.3
青海	47.0	68.2	110.6	168.8	178.2	86.6	147.1	419.7	475.8	591.6
宁夏	64.9	85.3	323.3	432.6	469.3	205.2	255.2	818.6	819.9	812.2
新疆	231.3	300.4	484.6	719.6	735.1	457.3	806.6	1 358.9	1 803.9	2 000.1

资料来源：Wind、EPS数据库。

从货物周转量来看（见表3-4），2021年货物周转量排名前六的省份分别是上海、广东、河北、浙江、山东和江苏,它们占全国货物周转量的比例达52.18%。而2021年货物周转量最小的五个省份分别是贵州、北京、宁夏、青海和西藏,它们占全国货物周转量的比例只有1.87%。

货运需求量在某种程度可以侧面反映经济发展水平。2000~2021年间东部沿海经济发达地区的货运量都相对更大。安徽、湖北、河北地处中部,具有承东启西的地理禀赋,货运量和货物周转量也都较大。而欠发达的西部地区货运量和货运周转量都相对更小。总体而言,我国货运需求还是集中在东中部地区,但相较于客运需求,货运需求的区域分布相对更加发散。

第三节 中国房地产开发投资发展演化及主要问题

一、我国房地产开发投资发展演化

自从1998年实施住房制度改革后,国家正式取消福利分房,建立房地产市场化,计划经济时期一直积攒的住房需求开始释放,同时由于我国经济的快速增长与城市化进程的不断推进,大大刺激了我国房地产业,房地产投资急速上升。表3-5给出了1998~2021年间我国房地产开发投资情况。从统计数据可知,20多年间,房地产投资增速不断加快,由1998年的3 614.20亿元上升到2021年的147 602.10亿元,提高了39.84倍。房地产开发投资占GDP和固定资产投资的比重分别从1998年的4.24%和12.72%上升至2021年的12.91%和26.70%,并且每年保持加速增长趋势,尤其是2003年房地产开发投资增长达到小高峰,2003年后有所回落但幅度不大,依然保持稳步增长态势,到2015年后由于房地产投资增速过快,房地产价格涨幅过大,房地产市场出现一系列问题,如供应结构不合理、库存量过大、土地市场混乱等,政府开始实施新一轮宏观调控,此次宏观调控不像以往力度有限,因此房地产开发投资增速减缓,但总体而言依然是平稳上升的。

表3-5 1998~2021年中国房地产开发投资增长变化

年份	房地产开发投资 (亿元)	年增长率 (%)	房地产开发投资/GDP (%)	房地产开发投资/固定 资产投资(%)
1998	3 614.20	13.71	4.24	12.72

续表

年份	房地产开发投资（亿元）	年增长率（%）	房地产开发投资/GDP（%）	房地产开发投资/固定资产投资（%）
1999	4 103.20	13.53	4.53	13.74
2000	4 984.10	21.47	4.97	15.14
2001	6 344.10	27.29	5.72	17.05
2002	7 790.90	22.81	6.40	17.91
2003	10 153.80	30.33	7.39	18.27
2004	13 158.30	29.59	8.13	18.67
2005	15 909.20	20.91	8.49	17.92
2006	19 422.90	22.09	8.85	17.66
2007	25 288.80	30.20	9.36	18.42
2008	31 203.20	23.39	9.77	18.05
2009	36 241.80	16.15	10.40	16.14
2010	48 259.40	33.16	11.71	17.35
2011	61 796.90	28.05	12.66	19.84
2012	71 803.80	16.19	13.33	19.16
2013	86 013.00	19.79	14.51	19.27
2014	95 035.60	10.49	14.77	18.56
2015	95 978.80	0.99	13.93	17.08
2016	102 580.60	6.88	13.74	16.91
2017	109 798.50	7.04	13.20	17.12
2018	120 164.70	9.44	13.07	18.61
2019	132 194.30	10.01	13.40	23.57
2020	141 442.90	7.00	13.92	26.83
2021	147 602.10	4.35	12.91	26.70

资料来源：EPS 数据库。

二、房地产开发投资存在的主要问题

（一）投资增速过快

房地产开发投资增速较快，占 GDP 和固定资产投资的比重也越来越大。我国房地产开发投资由 1998 年的 3 614.20 亿元上升到 2021 年的 147 602.10 亿元，提高了 39.84 倍。房地产开发投资占 GDP 的比重也从 1998 年的

4.24%上升至2021年的12.91%（见表3-5）。如图3-10所示，我国房地产开发投资每年保持加速增长趋势，虽然自2015年后房地产开发投资增速减缓，但总体而言依然是平稳上升趋势。

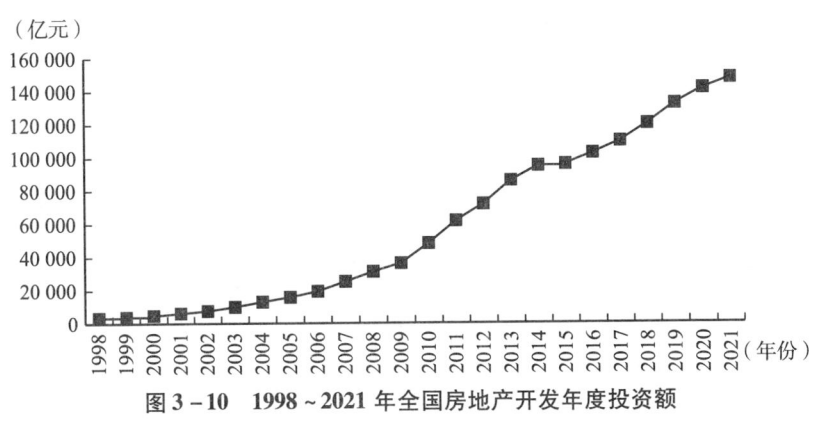

图3-10　1998~2021年全国房地产开发年度投资额

资料来源：Wind、EPS数据库。

（二）资本配置不均衡

我国房地产开发资本空间配置失衡的现象十分突出，1998年东部、中部、西部地区房地产开发投资占全国房地产开发投资的比重分别为73.44%、14.16%和12.40%，近些年随着中、西部区域经济的发展及投资环境的不断改善，投资吸引力逐渐提升，房地产开发投资空间区域差距逐渐缩小，开始呈现出从东部区域向中、西部区域"逃逸"的现象，尽管目前这一现象还表现得比较微弱，例如，2021年东部地区房地产开发投资比重下降至51.20%，中部和西部地区房地产开发投资比重分别上升至26.19%和22.61%，但中、东部地区房地产开发投资总额占全国的比重依然保持在77%以上，房地产开发投资的集聚态势依然明显。[①]

三、我国房地产市场区域配置不均衡引发的现实问题

（一）各地区房价涨幅呈现巨大差异性

2014年后，我国房地产开发投资出现减速迹象，房地产库存不断攀升，

---

① 资料来源：EPS数据库。

房地产销售增长呈现疲态，土地出让收入出现下滑，地方政府风险不断积累，房地产开发投资一时成为拖累我国固定资产投资甚至经济增长的痛点。在此背景下，政府出台一系列刺激政策。2014年11月起中国人民银行（以下简称"央行"）连续六次降息，维持资金的宽松格局；2015年央行联合住建部、银监会联合发布《关于个人住房贷款政策有关问题的通知》（简称"3·30新政"），降低贷款首付比例，营业税改为满2年即免税，随后各地纷纷出台配套政策；2015年11月，在中央财经领导小组第十一次会议上，习近平总书记强调，"要化解房地产库存，促进房地产业持续发展"。[①] 随后中央经济工作会议上，"去库存"被定位为中国2016年的五个主要任务。

多重政策叠加的效果不断释放，一线城市房地产市场率先复苏，而二三线城市市场表现差强人意，造成了严重的分化格局。以住宅为例，据EPS全球数据库显示，1999年我国商品房平均销售价格为1 857元/平方米，2021年达10 984.71元/平方米，涨幅达5.92倍，年均增幅达9.97%，其中北京2021年商品房平均销售价格是1999年的7.18倍。从表3-6可知一线、二线、三线城市房地产价格涨幅差异明显。

表3-6　　　　部分年份各省份商品房销售价格变化　　　单位：元/平方米

省份	1999年	2002年	2005年	2007年	2009年	2011年	2013年	2015年	2017年	2019年	2021年
北京	5 647	4 764	6 788	11 553	13 799	16 852	18 553	22 633	32 140	35 905	40 526
天津	2 251	2 487	4 055	5 811	6 886	8 745	8 746	10 107	15 331	15 380	16 182
河北	1 352	1 503	1 862	2 586	3 263	3 983	4 897	5 759	7 203	7 834	8 239
山西	1 027	1 435	2 210	2 250	2 707	3 433	4 433	4 870	5 619	6 896	6 775
内蒙古	1 147	1 256	1 653	2 247	2 972	3 783	4 301	4 441	4 628	6 194	6 535
辽宁	1 919	2 139	2 798	3 490	4 034	4 733	5 122	5 758	6 681	8 249	8 930
吉林	1 436	1 665	1 888	2 302	2 917	4 364	4 483	5 476	6 021	7 452	7 030
黑龙江	1 609	1 803	2 099	2 471	3 241	3 966	4 738	5 144	6 471	7 529	6 365
上海	3 422	4 134	6 842	8 361	12 840	14 603	16 420	20 949	23 804	30 677	36 102
江苏	1 584	1 925	3 359	4 024	4 983	6 554	6 909	7 356	9 195	11 637	12 906
浙江	1 908	2 387	4 280	5 786	7 826	9 838	11 042	10 525	12 855	15 304	19 070

---

① 慎海雄，主编．习近平改革开放思想研究[M]．人民出版社，2018：86．

续表

省份	1999年	2002年	2005年	2007年	2009年	2011年	2013年	2015年	2017年	2019年	2021年
安徽	1 232	1 290	2 220	2 664	3 420	4 776	5 080	5 457	6 375	7 393	7 784
福建	2 064	2 152	3 162	4 684	5 427	7 764	9 050	8 881	9 746	10 748	11 779
江西	820	1 062	1 529	2 072	2 643	4 148	5 203	5 358	6 150	7 293	7 678
山东	1 344	1 605	2 425	2 904	3 505	4 448	5 049	5 560	6 319	8 070	8 517
河南	1 022	1 380	1 867	2 253	2 666	3 501	4 205	4 611	5 355	6 311	6 521
湖北	1 296	1 456	2 263	3 053	3 532	4 486	5 266	5 863	7 675	9 012	9 130
湖南	1 063	1 326	1 625	2 233	2 680	3 790	4 243	4 304	5 228	6 127	6 574
广东	3 161	3 241	4 443	5 914	6 513	7 879	9 090	9 796	11 776	14 262	15 930
广西	1 517	1 926	2 014	2 539	3 260	3 772	4 593	4 960	5 834	6 505	5 944
海南	1 799	1 789	2 924	4 162	6 261	8 943	8 669	9 339	11 837	15 383	17 541
重庆	1 377	1 556	2 135	2 723	3 442	4 734	5 569	5 486	6 792	8 402	8 699
四川	1 350	1 381	1 945	2 840	3 509	4 918	5 498	5 475	6 217	7 448	7 885
贵州	1 283	1 238	1 607	2 137	2 874	3 889	4 295	4 415	4 771	5 980	5 807
云南	1 651	1 913	2 165	2 455	2 931	3 635	4 494	5 300	5 919	7 954	7 634
西藏	1 313	1 569	1 700	2 704	2 452	3 475	4 174	4 111	6 626	7 578	8 645
陕西	1 042	1 554	2 060	2 622	3 223	4 949	5 280	5 362	6 840	8 998	9 733
甘肃	1 274	1 326	1 936	2 191	2 483	3 318	3 886	4 913	5 709	5 977	6 047
青海	1 462	1 292	1 832	2 311	2 517	3 248	4 163	5 242	6 001	7 643	7 623
宁夏	1 404	1 865	2 235	2 136	3 090	3 732	4 232	4 413	4 544	5 685	6 655
新疆	1 394	1 735	1 798	2 081	2 604	3 549	4 268	4 653	4 965	5 999	5 740

资料来源：EPS数据库。

（二）房地产库存问题

与一线城市和部分热门二线城市房地产市场火热局面不同的是：一些"鬼城""空城"正在部分三四线及县城地区蔓延。库存压力大已经是不争的事实。从2010年我国出台一系列针对一二线城市的限购政策后，许多房地产商将目标投向了三四线城市，造成三四线城市房价跨越式增长，房地产供给急速增加。但因为三四线城市人口总量小导致房屋的需求增速相对缓慢，又由于房地产商大量涌入引起当地房地产价格攀升，远远超过当地居民收入增幅，因此库存压力巨大。从图3-11可以看出，2008~2021年房地产库存量持续攀升，从2018年的1.86亿平方米达到2015年最高值

7.19亿平方米,涨幅高达2.87倍,但随着2016年大力实施的"三去一降一补"供给侧结构性改革,房地产库存量开始回落,尽管经历了几年的供给侧结构性改革,我国房地产库存有所减少,但情势依然不容乐观,截至2023年3月末商品房待售面积高达6.48亿平方米,这意味着假设依据人均住房面积30平方米测算,那么可供约2160万人口居住,而这些都主要集中在三四线及县城地区。并且目前减少的都是增量库存(即现房库存),但其实我国房地产库存应该除增量库存外还应包括存量库存,即空置住房累计量(空置率)。王小广(2017)指出事实上我国存量库存才是最为严重的,如海南省三亚旅游城市,房价直逼北京、上海等一线城市,但房子基本都是空的。据统计显示,外地人购买该地住房的比例超出85%,因此我国去库存任务依然十分严峻。

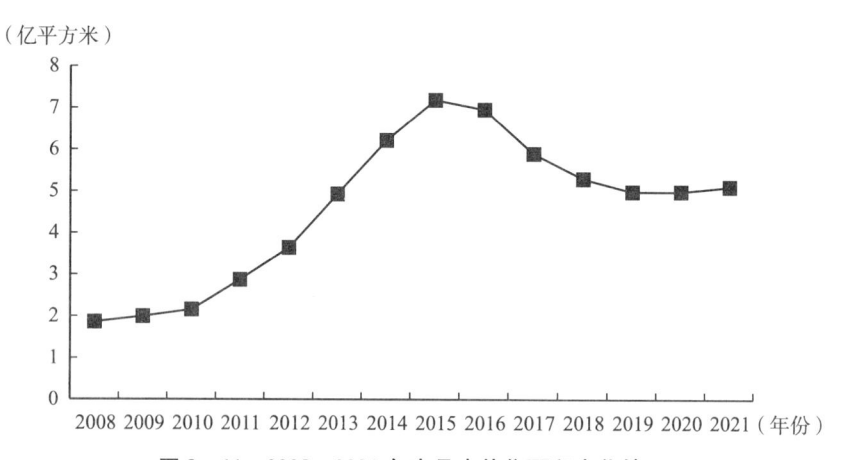

图3-11　2008~2021年商品房待售面积变化情况

资料来源:EPS数据库。

第四节　中国交通基础设施与房地产开发投资的空间统计分析

一、中国交通基础设施与房地产开发投资空间特征的一般描述

改革开放后,尤其是1998年实施住房制度改革后,我国房地产开发投

资迅速增长,交通基础设施建设和交通运输需求也不断提升,但各省份房地产开发投资和交通基础设施配置情况却有着明显差别,那么到目前为止,房地产开发投资和交通基础设施发展处于怎样的水平?各个区域发展差距有多大?房地产开发投资和交通基础设施的空间分布呈现何种特征?是否具有空间集聚态势?为了明确这些问题,本节将以 2016 年为例对我国房地产开发投资和交通基础设施的空间分布特征进行描述性分析。

选取公路密度和铁路密度作为衡量交通基础设施建设水平的指标;选取房地产开发投资和房地产开发投资占地方 GDP 的比重作为衡量房地产开发投资发展水平的指标;选取 GDP 作为衡量经济增长的指标。如表 3-7 所示,可以得到如下结论。

表 3-7　　2016 年我国各省份交通基础设施和房地产开发投资分析

地区	公路密度 (公里/百平方公里)	铁路密度 (公里/百平方公里)	房地产开发 投资(亿元)	GDP (亿元)	房地产开发 投资占地方 GDP 的比重(%)
全国	2 915.85	84.71	84 541.40	780 069.97	10.84
东部	1 308.08	44.86	41 251.42	400 362.9	10.30
中部	933.13	24.39	24 136.15	222 878.9	10.83
西部	674.64	15.45	19 153.83	156 828.2	12.21
北京	131.11	7.53	2 409.98	25 669.13	9.39
天津	148.35	9.39	1 850.71	17 885.39	10.35
河北	100.39	3.71	4 127.05	32 070.45	12.87
山西	90.89	3.39	1 358.37	13 050.41	10.41
内蒙古	16.57	1.04	982.61	18 128.10	5.42
辽宁	82.67	3.81	1 864.22	22 246.90	8.38
吉林	54.69	2.70	900.08	14 776.80	6.09
黑龙江	36.17	1.37	769.44	15 386.09	5.00
上海	210.98	7.38	2 484.84	28 178.65	8.82
江苏	153.32	2.70	7 875.00	77 388.28	10.18
浙江	116.72	2.53	5 791.55	47 251.36	12.26
安徽	141.44	3.04	4 039.97	24 407.62	16.55
福建	88.01	2.64	3 590.24	28 810.58	12.46

续表

地区	公路密度 （公里/百平方公里）	铁路密度 （公里/百平方公里）	房地产开发 投资（亿元）	GDP （亿元）	房地产开发 投资占地方 GDP的比重（%）
江西	96.95	2.40	1 563.39	18 499.00	8.45
山东	172.77	3.55	5 518.04	68 024.49	8.11
河南	160.14	3.34	5 347.91	40 471.79	13.21
湖北	139.96	2.23	3 560.04	32 665.38	10.90
湖南	112.50	2.23	2 469.89	31 551.37	7.83
广东	121.16	2.31	8 367.94	80 854.91	10.35
广西	51.08	2.20	2 045.49	18 317.64	11.17
海南	82.99	3.04	1 498.91	4 053.20	36.98
重庆	173.66	2.55	3 024.34	17 740.59	17.05
四川	67.33	0.96	4 351.67	32 934.54	13.21
贵州	108.88	1.86	1 806.13	11 776.73	15.34
云南	62.11	0.95	2 132.74	14 788.42	14.42
西藏	6.69	0.06	44.51	1 151.41	3.87
陕西	83.89	2.25	2 332.07	19 399.59	12.02
甘肃	31.48	0.90	737.23	7 200.37	10.24
青海	10.88	0.33	323.80	2 572.49	12.59
宁夏	51.11	1.99	587.86	3 168.59	18.55
新疆	10.97	0.35	785.38	9 649.70	8.14

资料来源：Wind数据库、EPS数据库和2017年中国统计年鉴。

（1）交通基础设施建设主要集中在东部地区。2016年公路密度排名前十位的省份分别是上海、重庆、山东、河南、江苏、天津、安徽、湖北、北京和广东，东部地区占了6个，其中东部地区公路密度占全国的比重达44.86%，中部地区公路密度占全国的比重为32.00%，西部地区仅占23.14%。2016年铁路密度排名前十位的地区依次是天津、北京、上海、辽宁、河北、山东、山西、河南、海南和安徽，东部地区也占了6个，其中东部地区铁路密度占全国的比重高达52.96%，中部地区铁路密度占全国的比重为28.79%，西部地区仅为18.24%。无论是铁路密度还是公路密度，东部地区都稳居前列，同时还形成了由东到西逐渐变小的梯度，东、中、西三大区域交通基础设施建设水平存在很大差距，将公路密度与铁路密度加总求和得到交通基础设施密度，并绘制其地理分布5分位图，交通基础设施表现出明显的空间集聚现象，主要集聚在东部发达地区，但集聚趋势逐步向中部扩张。

（2）房地产开发投资也主要集中在东部发达地区，房地产开发投资呈现出高度的空间非常规集聚特征。2016年房地产开发投资排名前十的地区分别是广东、江苏、浙江、山东、河南、四川、河北、安徽、福建和湖北，东部地区占了一半。此外，东部地区房地产开发投资占全国的比重高达48.79%，中部地区房地产开发投资占全国的比重为28.55%，西部地区房地产开发投资占全国的比重为22.66%。当某一区域经济增长快，地区发展趋势良好，那么居民可支配收入水平和消费水平也会逐渐提升，房地产开发投资也会倾向于这些地区布局，即房地产开发投资和经济增长水平间有着密切联系，二者保持着一定同步性，主要也是由于资本逐利本性的驱使。2016年东部地区GDP占全国的比重为51.32%，中部地区GDP占全国的比重是28.57%，西部地区GDP占全国的比重为20.10%，房地产开发投资与经济增长空间分布情况高度一致，从各个省份GDP与房地产开发投资指标可以发现，经济水平良好的地区其房地产开发投资也会更多，这也说明了二者间存在着紧密联系，房地产开发投资对经济增长有着较强依赖性，经济越发达的地区，表现出的区位优势也会更强，也越能吸引资本的投入，因此可以借助经济增长指标来分析房地产开发投资的空间布局，由2016年房地产开发投资占地区GDP的比重指标来看，比重最大的是西部地区达12.21%，然后是中部地区为10.83%，比重最小的是东部地区为10.30%。根据各地区房地产开发投资绘制其地理分布5分位图，房地产开发投资主要集聚在东部发达地区，但集聚趋势逐步向中、西部扩张。

通过以上对房地产开发投资和交通基础设施的空间分布特征进行描述性分析后发现交通基础设施的空间布局和房地产开发投资保持着较强的一致性，二者在一定程度上表现出空间集聚特征，下面将对其进行测度。

二、交通基础设施与房地产开发投资空间非常规集聚测度

前面以2016年统计数据为例对房地产开发投资和交通基础设施的空间分布特征进行了描述性分析，发现交通基础设施的空间布局和房地产开发

投资保持着较强的一致性，从表面上看二者都表现出高度的空间集聚态势，但究竟他们的空间特征如何？本节将使用空间统计分析各地区房地产开发投资和交通基础设施的空间特征。

(一) 模型设定

1. 全局莫兰指数 (Moran I)

$$\text{Moran I} = \frac{\sum_{i=1}^{n}\sum_{j=1}^{n}W_{ij}(y_i-\bar{y})(y_j-\bar{y})}{S^2\sum_{i=1}^{n}\sum_{j=1}^{n}W_{ij}} \qquad (3-1)$$

其中，$S^2 = \frac{1}{n}\sum_{i=1}^{n}(y_i-\bar{y})$，$\bar{y} = \frac{1}{n}\sum_{i=1}^{n}y_i$

式 (3-1) 中 y_i、y_j 表示地区 i 与地区 j 的观测值，S^2 为各地区观测值的方差，W 为空间权重，本书将根据相邻原则构建空间权重，具体如下：

$$W_{it} = \begin{cases} 1, \text{地区 i 与地区 j 相邻} \\ 0, \text{地区 i 与地区 j 不相邻} \end{cases} \qquad (3-2)$$

Moran I 取值在 -1~1 之间。I>0 代表正相关，即变量在空间上表现为集聚趋势，I 取值越大说明变量在空间上的集聚程度越显著；I<0 代表负相关，即变量在空间上表现为扩散态势，I 越小代表变量在空间上的分布越发散；I 接近 0 则表示变量不存在空间依赖性。

2. 局部莫兰指数 (Moran I_i)

$$\text{Moran I}_i = \frac{(y_i-\bar{y})}{S^2}\sum_{i=1}^{n}W_{ij}(y_j-\bar{y}) \qquad (3-3)$$

式 (3-3) 各符号含义与式 (3-1) 相同。Moran I_i 取值在 -1~1 之间。I_i>0 代表地区 i 变量的高（低）值被邻近地区 j 变量的高（低）值包围；I_i<0 代表地区 i 变量的高（低）值被邻近地区 j 变量的低（高）值包围。

(二) 变量选取及估计结果分析

选取 1998~2017 年 31 个省份的年度面板数据进行实证分析，数据均来自 EPS 全球数据库和 Wind 数据库。

房地产开发投资 (rei)：采用各省份房地产开发投资数额衡量不同省份间房地产开发资本规模及区域结构分布差异。

交通基础设施 (transport)：运用交通密度测算各省份交通基础设施建

设水平，即用公路和铁路里程之和除以相应省份国土面积。

表 3-8 显示了 1998~2017 年房地产开发投资与交通基础设施的 Moran I 指数，房地产开发投资的莫兰指数均为正，说明其在地理上呈现出空间自相关性，除了 2000 年和 2001 年不显著外，其余年份均在 5% 的水平上显著，尤其是 2003 年后 P 值都小于 0.01，说明房地产开发投资近年来空间集聚趋势越来越显著。从交通基础设施莫兰指数来看，1998~2016 年间莫兰指数均为正，且都在 1% 的水平下显著，表明交通基础设施也存在空间集聚特征，地区间差异十分明显。

表 3-8　中国房地产开发投资与交通基础设施的 Moran I 指数

年份	房地产开发投资 Moran I	P 值	交通基础设施 Moran I	P 值	年份	房地产开发投资 Moran I	P 值	交通基础设施 Moran I	P 值
1998	—	—	0.627***	0.000	2008	0.302***	0.001	0.643***	0.000
1999	—	—	0.617***	0.000	2009	0.340***	0.000	0.639***	0.000
2000	0.083	0.150	0.611***	0.000	2010	0.314***	0.001	0.644***	0.000
2001	0.107	0.105	0.624***	0.000	2011	0.269***	0.001	0.642***	0.000
2002	0.158**	0.046	0.636***	0.000	2012	0.254***	0.001	0.640***	0.000
2003	0.242***	0.006	0.637***	0.000	2013	0.239***	0.002	0.645***	0.000
2004	0.316***	0.001	0.638***	0.000	2014	0.292***	0.001	0.643***	0.000
2005	0.317***	0.001	0.640***	0.000	2015	0.335***	0.000	0.643***	0.000
2006	0.294***	0.002	0.648***	0.000	2016	0.375***	0.000	0.648***	0.000
2007	0.296***	0.002	0.647***	0.000	2017	0.372***	0.000	—	—

注：***、**分别表示在 1%、5% 水平上显著。

为了进一步了解微观层面集聚结构，需要运用局部莫兰指数进行统计分析，局部莫兰指数可以反映某一省份变量与邻近省份变量空间关系的四种类型，分别由四个象限表示，象限一为高-高空间集聚（HH），它显示高值省份被同是高值的邻近省份包围，即房地产开发投资集聚态势高的省份被同是房地产开发投资集聚态势高的邻近省份包围；象限二为低-高空间集聚（LH），它显示低值省份被高值的邻近省份包围，即房地产开发投资集聚态势低的省份被房地产开发投资集聚态势高的邻近省份包围；象限三为低-低空间集聚（LL），它显示低值省份被同是低值的邻近省份包围，即房地产开发投资集聚态势低的省份被同是房地产开发投资集聚态势低的邻近省份包围;象限四为高-低空间集聚(HL),它显示高值省份被低值的邻近省份包围,即房地产开发投资集聚态势高的省份被房地产开发投资集聚态势低的邻近省份包围。其中,一、三象限代表变量间空间正自相关,二、四象限代表空间负自相关。

表3-9表示2000~2016年部分年份部分地区房地产开发投资局部莫兰指数,从中可知我国31个省份房地产开发投资主要表现为空间正自相关,大部分省份分布在一、三象限,其中呈现高-高集聚特征的省份主要集中在东部发达地区,低-低集聚特性的省份集中在西部落后地区。且从2000~2016年间呈现出高-高集聚空间关系的省份逐渐变多,由2000年的上海、江苏、浙江三省变为2016年的江苏、浙江、安徽、山东、河南五省,且地理位置呈现出由东部地区往中、东部地区扩张的趋势。2000~2016年间表现出低-低集聚空间关系的省份则相对稳定,常年集中在西部地区。四川省一直处于高-低集聚特性,海南省2010年以前表现出低-高空间集聚特征。

表3-9　2000~2016年部分年份部分地区房地产开发投资局部 Moran I_i 指数

类型	2000年		2006年		2010年		2014年		2016年	
	地区	指数	地区	指数	地区	指数	地区	指数	地区	指数
HH	上海	1.749*** (2.726)	上海	1.257** (1.973)	江苏	0.953*** (2.634)	江苏	1.019*** (2.774)	江苏	1.152*** (3.099)
	江苏	0.807** (2.132)	江苏	1.146*** (2.993)	安徽	0.450* (1.433)	浙江	0.559** (1.562)	浙江	0.620** (1.707)
	浙江	0.680** (1.811)	浙江	0.798** (2.110)	山东	0.880** (2.154)	安徽	0.535** (1.664)	安徽	0.613** (1.880)
	—	—	山东	0.639* (1.501)	河南	0.374* (1.323)	山东	0.868** (2.094)	山东	1.016*** (2.418)
	—	—	—	—	—	—	河南	0.439* (1.519)	河南	0.642** (2.156)
LH	海南	-2.857*** (-3.007)	海南	-1.642** (-1.713)	海南	-1.289* (-1.348)	—	—	—	—

续表

类型	2000年 地区	指数	2006年 地区	指数	2010年 地区	指数	2014年 地区	指数	2016年 地区	指数
LL	西藏	0.628* (1.476)	西藏	1.810*** (4.113)	西藏	2.057*** (4.927)	西藏	1.488*** (3.535)	西藏	1.461*** (3.442)
	青海	1.202*** (2.757)	甘肃	0.637** (1.894)	甘肃	0.542** (1.708)	甘肃	0.542** (1.686)	甘肃	0.495* (1.537)
	—	—	青海	2.265*** (5.130)	青海	2.404*** (5.746)	青海	2.218*** (5.371)	青海	1.941*** (4.549)
	—	—	新疆	1.376*** (3.146)	新疆	1.351*** (3.262)	新疆	1.191*** (2.846)	新疆	1.449*** (3.414)
HL	广东	-0.852** (-2.078)	四川	-0.732** (-2.173)	四川	-0.611** (-1.876)	四川	-0.553** (-1.671)	四川	-0.636** (-1.923)
	四川	-0.525* (-1.528)	—	—	—	—	—	—	—	—

注：括号中为z值；***、**、*分别表示在1%、5%、10%水平下显著。

图 3-12 表示 2016 年房地产开发投资局部莫兰指数散点图。从该图可知，房地产开发投资表现为空间分布相似（分布在第一、三象限）的省份更多。其中表现为高-高集聚特性的地区几乎都集中在东部发达地区，低-

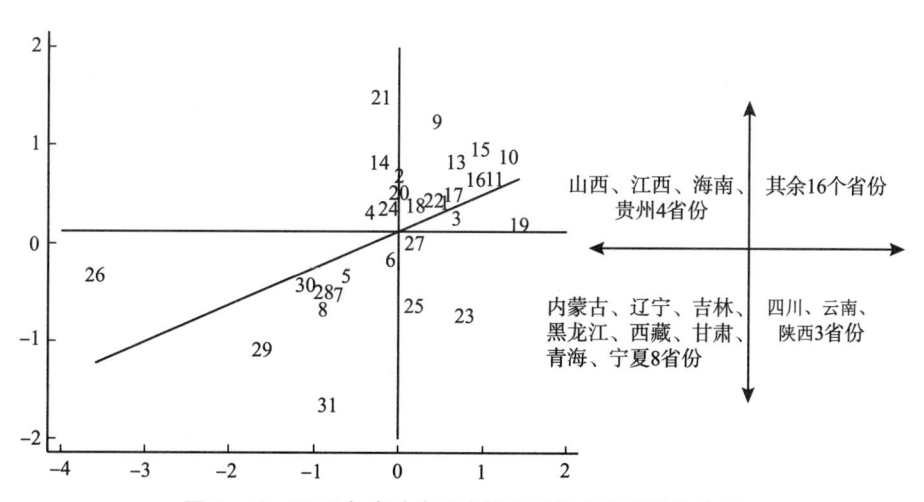

图 3-12 2016 年房地产开发投资局部莫兰指数散点图

低集聚特性的地区集中在西部落后地区,并且这种空间分布相似特征有着越来越强化的趋势。

表3-10表示2000~2016年部分年份部分地区交通基础设施局部莫兰指数,其地理空间分布情况同房地产开发投资空间格局相似。从中可知我国31个省份房地产开发投资主要表现为空间正自相关,大部分省份分布在一、三象限,其中呈现高-高集聚特征的省份主要集中在东部发达地区,低-低集聚特性的省份集中在西部落后地区。2000~2016年间呈现出高-高集聚空间关系的省份逐渐变多,由2000年的北京、天津两市变为2016年的上海、江苏、安徽、山东、河南、湖北六个省份,且地理位置呈现出由东部地区往中、东部地区扩张的趋势。2000~2016年间表现出低-低集聚空间关系的省份则相对稳定,常年集中在西地区。

图3-13表示2016年交通基础设施局部莫兰指数散点图。从该图可知,交通基础设施表现为空间分布相似(分布在一、三象限)的省份更多。其中表现为高-高集聚特性的地区几乎都集中在东部发达地区,低-低集聚特性的地区集中在西部落后地区,并且这种空间分布相似特征也有着越来越强化的趋势。

表3-10　2000~2016年部分年份部分地区交通基础设施局部 Moran I_i 指数

类型	2000年		2006年		2010年		2014年		2016年	
	地区	指数	地区	指数	地区	指数	地区	指数	地区	指数
HL	北京	1.169** (1.824)	上海	0.928* (1.456)	上海	0.999* (1.561)	上海	0.932* (1.460)	上海	0.869* (1.364)
	天津	1.160** (1.811)	江苏	0.835** (2.185)	江苏	0.849** (2.217)	江苏	0.799** (2.093)	江苏	0.762** (1.998)
	—	—	安徽	0.566** (1.683)	安徽	0.461* (1.385)	安徽	0.496* (1.484)	安徽	0.559** (1.662)
	—	—	山东	0.767** (1.772)	山东	0.702* (1.626)	山东	0.724** (1.674)	山东	0.726** (1.677)
	—	—	河南	0.615** (2.003)	河南	0.559** (1.827)	河南	0.527** (1.728)	河南	0.544** (1.781)
	—	—	—	—	—	—	—	—	湖北	0.457* (1.375)

续表

类型	2000年 地区	指数	2006年 地区	指数	2010年 地区	指数	2014年 地区	指数	2016年 地区	指数
LH	—	—	—	—	—	—	—	—	—	—
LL	内蒙古	0.530** (2.054)	内蒙古	0.582** (2.240)	内蒙古	0.654*** (2.502)	内蒙古	0.670*** (2.561)	内蒙古	0.668*** (2.550)
	西藏	3.087*** (6.916)	西藏	3.352*** (7.493)	西藏	3.196*** (7.137)	西藏	3.189*** (7.123)	西藏	3.222*** (7.193)
	甘肃	1.088*** (3.152)	甘肃	1.119*** (3.235)	甘肃	1.031*** (2.983)	甘肃	0.996** (2.886)	甘肃	1.016*** (2.941)
	青海	3.506*** (7.844)	青海	3.476*** (7.767)	青海	3.257*** (7.272)	青海	3.259*** (7.277)	青海	3.282*** (7.325)
	新疆	4.450*** (9.937)	新疆	3.760*** (8.396)	新疆	3.991*** (8.895)	新疆	4.083*** (9.099)	新疆	4.120*** (9.178)
HL	—	—	—	—	—	—	—	—	—	—

注：括号中为 z 值，***、**、* 分别表示在 1%、5%、10% 水平下显著。

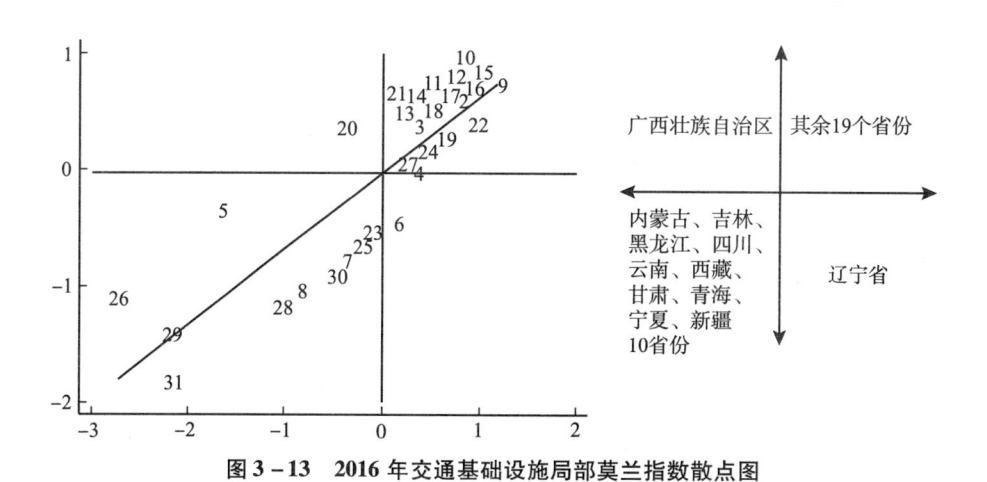

图 3-13 2016 年交通基础设施局部莫兰指数散点图

全局莫兰指数显示我国房地产开发投资存在显著空间自相关，表现出明显的集聚趋势，局部莫兰指数指出2000~2016年间微观层面我国房地产开发投资资本集聚结构演变呈现扩张趋势，其中属于高-高集聚特性的省份由东部地区扩展至中、东部地区，低-低集聚特性的省份大部分集中在西部地区。我国房地产开发投资表现出的供给结构问题与其存在显著空间集聚现实特征有着极大关系，这也是导致我国房地产出现库存过量现状的原因，高库存需要很长的一段周期才能逐步被消化，这意味着房地产开发商资金回流周期拉长，甚至可能出现资金断裂从而加大金融隐患。

通过对交通基础设施与房地产开发投资空间布局及演化趋势进行空间统计分析可知交通基础设施配置不管是从规模演化还是空间分布都同房地产开发投资保持高度同步，二者都呈现出空间的非常规集聚特征。

第四章 交通基础设施对房地产开发投资总量变动影响

通过前文分析可知,完善交通基础设施,可以影响房地产市场供求关系,带动房地产开发投资量的变化,但这还需要实证进行检验。如果影响确实存在,交通基础设施对房地产开发投资的影响时效如何?是短期同步还是具有一定的滞后?本章将运用省级面板数据检验交通基础设施对我国房地产开发投资总量变动的影响,并进一步分析交通基础设施对房地产开发投资影响的时间效应。

第一节 交通基础设施对房地产开发投资变动影响的实证分析

一、变量、数据及模型设定

(一)变量选取、数据处理及说明

考虑到数据的可得性,样本选取 2002~2016 年 30 个省份(西藏自治区数据缺失)的年度数据进行实证研究,数据均来源于 Wind 和 EPS 全球数据库。

交通基础设施(transport)。本书采用交通密度来表示,具体做法就是用公路、铁路里程之和除以各省份的国土面积,该指标反映了各省份交通基础设施发展水平。

房地产价值(price)。该指标采用各省份年度商品房平均销售价格来表示。此指标反映了各省份房地产价值变化。为了剔除通货膨胀的影响,以

2002 年为 100 的定基居民消费价格指数进行平减。

房地产开发投资（rei）。该指标直接采用各省份的房地产开发投资额。反映了各省份房地产开发投资的规模和区域分布差异。为了剔除通货膨胀的影响，将名义房地产开发投资额转化为实际值，以 2002 年为 100 的定基固定资产投资指数进行平减。

变量的描述及统计特征如表 4-1 所示，为了消除数据中可能存在的异方差问题，将上述所有变量都采用对数化处理，用 lntransport、lnprice、lnrei 分别代表对数化处理后的变量。

表 4-1　　　　　　　　　　变量的描述统计

变量	观察值	均值	标准差	最小值	最大值
transport	450.00	75.70	48.12	3.48	218.37
price	450.00	3 607.62	2 669.72	1 065.00	20 704.96
rei	450.00	989.80	1 042.21	10.87	6 192.77

（二）变量的平稳性检验

为了避免 Panel-var 模型的估计结果出现伪回归现象，必须对数据进行单位根检验，判断其是否为平稳序列。本书采用 LLC、IPS 和 PP 三种面板单位根的检验方法以确保结果的可靠性。检验结果如表 4-2 所示。

表 4-2　　　　　　　　　　面板单位根检验

变量名称	LLC 检验 Adjusted t*	p-value	IPS 检验 W-t-bar	p-value	PP 检验 Chi2 (60)	p-value	平稳性
lntransport	-5.215***	0.000	-4.258***	0.000	55.516	0.640	不平稳
lnprice	-7.173***	0.000	-3.475***	0.000	49.720	0.825	不平稳
lnrei	-3.591***	0.000	-1.038	0.150	609.691***	0.000	不平稳
Dlntransport	-15.366***	0.000	-10.759***	0.000	289.925***	0.000	平稳
Dlnprice	-13.028***	0.000	-9.534***	0.000	347.438***	0.000	平稳
Dlnrei	-9.241***	0.000	-6.785***	0.000	326.776***	0.000	平稳

注：***表示在 1% 水平下显著。

由表 4-2 可知，lntransport 在 LLC 与 IPS 检验方法下拒绝存在单位根的原假设，只有在 PP 检验下接受存在单位根的原假设，保守起见认为 lntransport 为非平稳序列。lnprice 在 LLC 和 IPS 检验方法下拒绝存在单位根的原假设，但 PP 检验接受原假设，因此也认为 lnprice 为非平稳序列。lnrei 在 LLC 和 PP 检验下拒绝存在单位根的原假设，而 IPS 检验接受原假设，保守起见也认为 lnrei 是非平稳序列。将原序列进行一阶差分后，Dlnprice、Dlntransport 和 Dlnrei 在三种检验方法下都以 1% 的显著水平拒绝存在单位根的原假设，显示为平稳序列，即变量存在一阶单整。

（三）协整检验

lntransport、lnprice 和 lnrei 是一阶单整序列，为了判断它们之间是否存在某种长期的均衡关系必须使用协整检验。采用基于误差修正模型的检验方法，此方法的优点在于考虑了截面的异质性及序列的自相关性，通过 Gt、Ga、Pt 和 Pa 这 4 个统计量来判定变量间是否存在协整关系，面板协整检验结果如表 4-3 所示。

表 4-3　　　　　　　　　面板协整检验结果

统计量名称	统计量 value	Z-value	P-value
Gt 统计量	-2.039***	-3.437	0.000
Ga 统计量	-3.944	1.883	0.970
Pt 统计量	-9.726***	-3.457	0.000
Pa 统计量	-3.961**	-1.634	0.050

注：***、**分别表示在1%、5%水平下显著。

由表 4-3 可知，只有 Ga 统计量拒绝了存在协整关系的原假设，其余 3 个统计量均在 5% 的水平上显著，接受存在协整关系。因此，可以认为 lntransport、lnprice 和 lnrei 存在长期的均衡关系。

（四）Panel-var 模型设定

面板向量自回归模型（Panel-var）最早由霍尔茨（Holtz）提出，是在传统 var 模型的基础上加入面板数据。它不仅保留了传统 var 模型的特点，将模型中的变量视作内生变量从而真实地反映各变量间的动态关系，还允许模型存在个体效应和时间效应，放宽了模型的限制条件使得应用更加广泛，特别是对于经济问题研究运用更广。本节建立的 Panel-var 模型形式如下：

$$y_{it} = \alpha_i + \sum_{l=1}^{m} a_{lt} y_{it-l} + f_i + u_{it} \quad (i = 1, 2, \ldots, N; t = 1, 2, \ldots, T)$$

（4-1）

其中 $y_{it} = \{ \text{lntransport}_{it}, \text{lnprice}_{it}, \text{lnrei}_{it} \}'$，是由交通基础设施、房地产价值和房地产开发投资的对数所构成的 3×1 向量；i 代表地区；t 代表时间；l 代表滞后期；α_i 代表个体效应向量，用来反映地区差异；f_i 代表时间效应向量，用来反映每一时期地区的冲击响应，u_{it} 代表模型扰动向量。本书运用连玉君提出的方法进行模型估计，该方法是在伊内萨等（Love et al., 2006）方法的基础上进行了改进和完善，例如，将用于去除个体效应的前向差分 Helmert 方法直接内置到 pvar2 命令中，且该命令采用了组内均值方法去掉时间效应。

二、Panel-var 模型估计及分析

（一）Panel-var 模型估计

据前文理论分析可知，交通基础设施通过其"区位再造"功能带来的区位优势重塑将提升房地产商品的"附加功能价值"，进而影响房地产市场供求关系，并进一步带动房地产开发投资量的变化，为了更好地探究三者的内在关系，本节建立 Panel-var 模型，并根据信息准则判断出最佳滞后项为三阶滞后。本节运用 Stata13.0 进行估计，估计结果见表 4-4。模型（1）表示交通基础设施对来自自身、房地产价值和房地产开发投资滞后期变化的反应。模型（2）表示房地产价值对来自交通基础设施、自身与房地产开发投资滞后期变化的反应。模型（3）表示房地产开发投资对来自交通基础设施、房地产价值和自身滞后期变化的反应。由估计结果可知，房地产开发投资对来自交通基础设施滞后 2~3 期变化反应明显，均在 10% 以上水平上显著，说明交通基础设施的完善能够拉动房地产开发投资总量；房地产开发投资对来自房地产价值滞后 2~3 期变化反应灵敏，均在 5% 的水平上显著，表明房地产价值的提升有助于房地产开发投资规模的扩大；房地产开发投资对来自自身滞后 1~2 期变化反应也十分显著，显著水平均在 1%。房地产价值对来自交通基础设施滞后 2~3 期变化和自身滞后 1 期变化的反

应也十分灵敏,基本都在5%的水平上显著(对房地产开发投资滞后1期在10%的水平上显著),且系数都为正,表示交通基础设施的改善的确能够引起该地区房地产价值的提升。交通基础设施对来自自身滞后1期、房地产价值滞后1期及房地产开发投资滞后1~2期变化的反应比较灵敏,均在10%以上水平上显著,系数大多数也都为正,表明房地产开发投资与房地产价值对交通基础设施存在一定反馈作用。

表4-4　　　　　　　　　Panel-var 估计结果

解释变量	模型(1) lntransport$_t$	模型(2) lnprice$_t$	模型(3) lnrei$_t$
lntransport$_{t-1}$	0.528 *** (0.127)	0.027 (0.060)	-0.035 (0.161)
lntransport$_{t-2}$	0.006 (0.029)	0.144 *** (0.033)	0.101 * (0.056)
lntransport$_{t-3}$	-0.010 (0.036)	0.214 *** (0.032)	0.133 ** (0.064)
lnprice$_{t-1}$	0.065 * (0.035)	0.393 ** (0.164)	-0.474 (0.318)
lnprice$_{t-2}$	0.114 (0.136)	-0.008 (0.074)	0.208 ** (0.097)
lnprice$_{t-3}$	-0.010 (0.078)	0.007 (0.051)	0.148 ** (0.072)
lnrei$_{t-1}$	0.211 * (0.110)	0.152 * (0.080)	1.578 *** (0.162)
lnrei$_{t-2}$	-0.239 * (0.127)	-0.067 (0.083)	-0.582 *** (0.158)
lnrei$_{t-3}$	0.153 (0.086)	0.024 (0.054)	0.088 (0.100)

注:括号中报告的是稳健标准误;***、**、*分别表示在1%、5%、10%水平下显著。

(二)脉冲响应图分析

Panel-var 模型系数呈现的是变量间相互作用的短期局部关系,解释力度有限。因此有必要采用 Cholesky 分解计算正交脉冲响应函数来分析内生变量受到一个正交化冲击后,对系统中其他变量的动态影响。本节给出95%的置信区间内经过500次蒙特卡洛模拟正交脉冲响应函数图,如图4-1所示,横轴代表冲击作用的滞后时间为10期,纵轴代表响应程度,中间实线为脉冲响应函数曲线,两侧为95%置信区间的上、下线。由于本书重点考察的

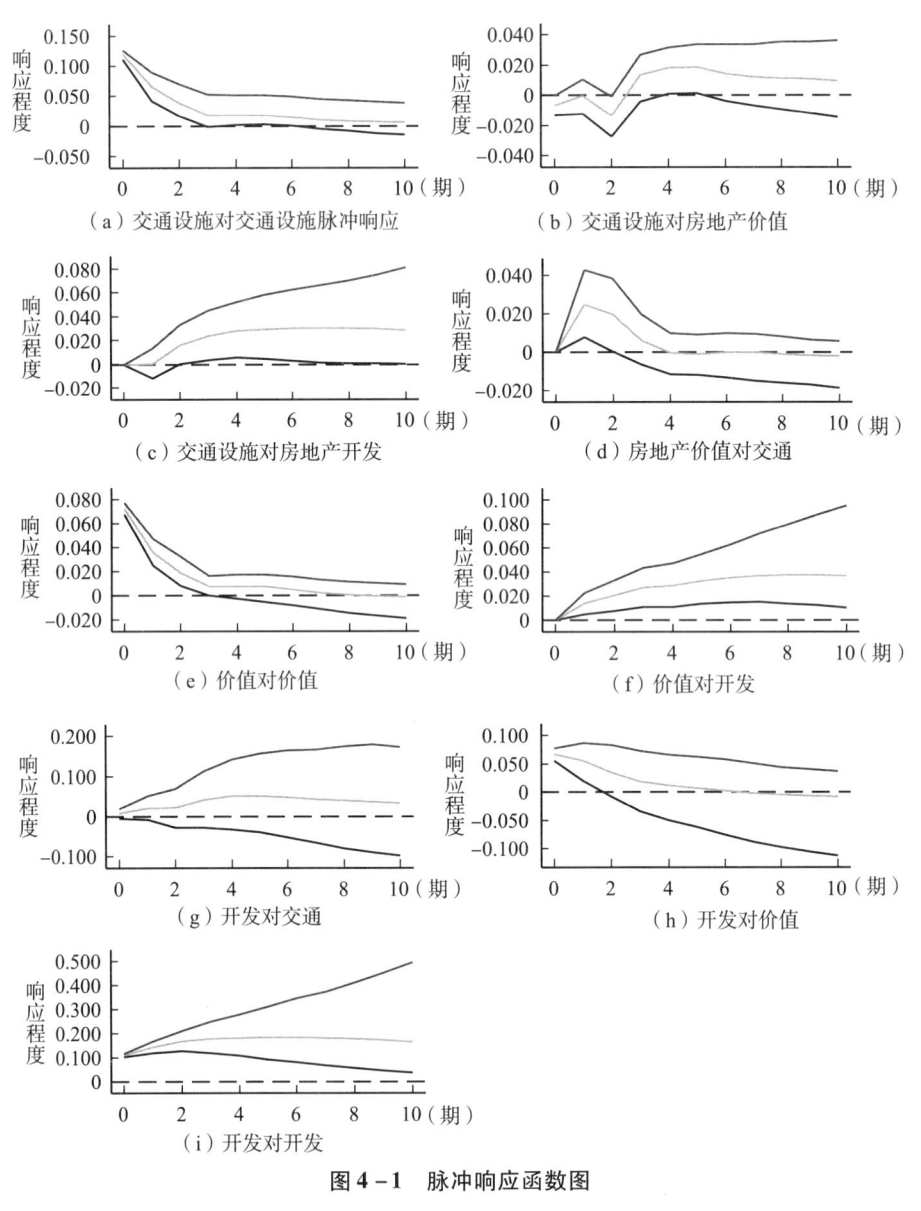

(a) 交通设施对交通设施脉冲响应

(b) 交通设施对房地产价值

(c) 交通设施对房地产开发

(d) 房地产价值对交通

(e) 价值对价值

(f) 价值对开发

(g) 开发对交通

(h) 开发对价值

(i) 开发对开发

图4-1 脉冲响应函数图

是交通基础设施、房地产价值和房地产开发投资三者间,一个变量受其他两个变量的动态影响程度,因此仅分析交通基础设施与房地产价值间的脉冲响应函数图、交通基础设施与房地产开发投资间的脉冲响应函数图、房地产开发投资与房地产价值间的脉冲响应函数图。

由图4-1可知,交通基础设施受到一个标准差新息冲击后先会给房地产价值带来负向响应,随后变为正向响应,并且这种正向冲击约在第5期时达到最大值后开始逐渐回落并趋于收敛,如图4-1(b)所示。这说明交通基础设施对房地产价值具有长期拉动作用,交通基础设施受到一个正交冲击后最开始对房地产价值产生负向响应,可能是因为交通基础设施在投入建设初期会对周围环境造成影响,如环境污染等,从而带来交通基础设施负外部性效应,但随着交通基础设施建设完善后便会长期对房地产价值产生正向响应,但当交通基础设施"承载能力"到达临界值后便不再继续增加而是维持在一个平稳水平。房地产开发投资对于来自交通基础设施的冲击在初期也是产生负向响应随后便持续为正向响应并最终趋于收敛,如图4-1(c)所示,其脉冲响应函数曲线与交通基础设施对房地产价值脉冲响应函数曲线相似,这表明交通基础设施对房地产开发投资变动的影响是通过交通基础设施区位再造功能对房地产价值的影响而实现的,这与前文理论分析是一致的,并且交通基础设施对房地产开发投资的促进作用短期内并不明显,需要一段时期后才会显现。

给房地产价值一个标准差新息冲击后会给交通基础设施带来大约4期的正向响应,如图4-1(d)所示,这种正向冲击在第1期达到最大值后开始逐渐回落并从第4期后趋于0,这表明房地产价值的提升能在短期内促进交通基础设施的建设但随后交通基础设施便不再受房地产价值的影响而发生变动。房地产开发投资受到房地产价值一个正向冲击后产生了同向冲击,并在约第7期达到最大值后逐渐趋于水平,如图4-1(f)所示,这说明房地产价值的提升能够长期拉动房地产开发投资。

给房地产开发投资施加一单位的正交冲击后,对交通基础设施产生了持续正影响,从约第5期达到最大值后逐渐趋于收敛,如图4-1(g)所示。这表示房地产开发投资对交通基础设施有着正反馈作用。秦俊武(2013)指出房地产开发投资对交通基础设施具有倒逼现象。即当房地产开发资本集中在某一地区后,表明该地区将有更多的人口流入至此生活,人口的增加会导致对本地交通基础设施服务提出更多诉求,从而推动了本地交通基础设施规模的扩大,以提高该地区的交通基础设施承载能力来满足居民的诉求。房地产价值受到房地产开发投资一个正向冲击后产生了同向冲击,并在初期达到最大值后开始下降,到达约第6期后趋于0,如图4-1(h)所示。这说明房地产开发投资不断地增加会导致房地产价值减少,但当房地产供给数量达到一定规模后便不再影响房地产价值。

(三) 面板格兰杰因果检验

通过协整检验可知,交通基础设施、房地产价值与房地产开发投资间存在某种长期均衡的关系,Panel-var 模型及脉冲响应函数显示交通基础设施和房地产价值对房地产开发投资有长期带动作用,交通基础设施是影响房地产价值的重要因素,房地产价值与房地产开发投资对交通基础设施产生了反馈作用,其中房地产开发投资对交通基础设施的倒逼现象十分明显。但是这些检验方法都无法判定3个变量间是否存在因果关系。本部分通过面板格兰杰(Panel-granger)因果检验的方法来确定变量间的因果关系及因果关系的方向,检验结果如表4-5所示。

表4-5　　　　　　　　面板格兰杰因果检验结果

因果关系原假设	1 F统计量	1 P统计量	2 F统计量	2 P统计量	3 F统计量	3 P统计量
lntransport ↛ lnprice	5.693**	0.017	20.166***	0.000	11.245***	0.010
lntransport ↛ lnrei	10.704***	0.001	5.0459*	0.080	11.505***	0.009
lnprice ↛ lntransport	0.094	0.759	0.731	0.694	51.972***	0.000
lnprice ↛ lnrei	13.253***	0.000	9.896***	0.007	7.551*	0.056
lnrei ↛ lntransport	0.394	0.530	0.424	0.809	7.648*	0.054
lnrei ↛ lnprice	17.15***	0.000	11.691***	0.003	8.185**	0.042

注:***、**、*分别表示在1%、5%、10%水平下显著。

由表4-5可知,滞后阶数为1阶时,P统计量在5%的水平上显著拒绝 lntransport 不是 lnprice 的格兰杰因,在滞后阶数为2阶时,P统计量在1%的水平上显著拒绝 lntransport 不是 lnprice 的格兰杰因,在滞后阶数为3阶时,P统计量在1%的水平上显著拒绝 lntransport 不是 lnprice 的格兰杰因,因此滞后阶数为1~3时,lntransport 是 lnprice 的格兰杰因,均在5%的水平上显著,表明交通基础设施的改善的确能够提升该地区房地产价值,这归功于交通基础设施的区位再造功能能够重塑区位优势,提升房地产的附加功能价值。而 lnprice 在滞后 1~2 期时并不是 lntransport 的格兰杰因,当 lnprice 在滞后 3 期时才是 lntransport 的格兰杰因,这说明房地产价值需要经过一段时间后才能对交通基础设施产生反馈作用。滞后阶数为 1~3 时,lnprice 是 lnrei 的格兰杰因,且均在 10% 的水平上显著,滞后阶数为 1~3 时,lnrei 是 lnprice 的格兰杰因,且均在 5% 的水平上显著,这表示房地产价值与房地产开发投资互为因果关系,房地产价值的提升能够直接带动房地产开发投资,房地产开发投资规模的扩大也能刺激房地产价值的提升。滞后阶数为 1~3 时,lntransport 是 lnrei 的格兰杰因,且均在 10% 的水平上显著,但 lnrei 只有在滞后 3 期时才表现为 lntransport 的格兰杰因,这表示交通基础设施的改善能够增加房地产开发投资规模,但房地产开发供给只有达到一定规模后才能对交通基础设施产生反馈作用。

三、实证结论

本节利用 2002~2016 年 30 个省级(西藏自治区数据缺失)面板数据构建 Panel-var 模型,运用协整检验、脉冲响应函数及 Panel-granger 因果检验分析交通基础设施、房地产价值与房地产开发投资的内在动态关系,研究结果表明:

(1) 就交通基础设施与房地产价值来说,Panel-var 模型估计结果显示房地产价值对来自交通基础设施滞后期变化的反应十分灵敏,基本都在 1% 的水平上显著,且系数都为正,表示交通基础设施的改善的确能够引起该地区房地产价值的提升。脉冲响应函数图表示交通基础设施受到一个标准差新息冲击后先会给房地产价值带来负向响应,随后变为正向响应,并且这种正向冲击约在第 5 期时达到最大值后开始逐渐回落并趋于收敛。这说明交通基础设施对房地产价值具有长期拉动作用,交通基础设施受到一个正交冲击后最开始对房地产价值产生负向响应,可能是因为交通基础设施在投入建设初期会对周围环境造成影响,如环境污染等,从而带来交通基础设施负外部性效应,但随着交通基础设施建设完善后便会长期对房地产价值产生正向响应,但当交通基础设施"承载能力"到达临界值后便不再继续增加而是维持在一个平稳水平。面板因果检验表示滞后阶数为 1~3 时,交通基础设施是房地产价值的格兰杰因,均在 5% 的水平上显著,表明交通基础设施的改善的确能够提升该地区房地产价值,这归功于交通基础设施的区位再造功能能够重塑区位优势,提升房地产的附加功能价值。而房地产价值在滞后 1~2 期时并不是交通基础设施的格兰杰因,当房地产价值在滞后 3 期时才是交通基础设施的格兰杰因,这说明房地产价值需要经过一段时间后才能对交通基础设施产生反馈作用。

(2) 就房地产价值与房地产开发投资而言,Panel-var 模型估计结果显示房地产开发投资对于房地产价值滞后期变化反应很明显,且均在 5% 的水平上显著,系数都为正,说明房地产价值的提升能增加房地产开发投资总量。脉冲响应函数图表示房地产开发投资受到房地产价值一个正向冲击后产生了同向冲击,并在约第 7 期达到最大值后逐渐趋于水平,这再次说明房地产价值的提升能够长期拉动房地产开发投资。面板格兰杰因果检验表示滞后阶数为 1~3 时,房地产价值与房地产开发投资互为因果关系。

(3) 就交通基础设施和房地产开发投资而言,Panel-var 模型估计结果显示房地产开发投资对来自交通基础设施滞后期变化的反应很灵敏,均在 10% 的水平上显著,系数都为正,说明交通基础设施的完善能够增加房地产开发投资总量。脉冲响应函数图表示房地产开发投资对于来自交通基础设施的冲击在初期也是产生负向响应随后便持续为正向响应并最终趋于收敛,其脉冲响应函数曲线与交通基础设施对房地产价值脉冲响应函数曲线相似,这表明交通基础设施对房地产开发投资变动的影响是通过交通基础设施区位再造功能对房地产价值的影响而实现的,这与前文理论分析是一致的,并且交通基础设施对房地产开发投资的促进作用短期内并不明显,需要一段时期后才会显现。面板格兰杰因果检验表示滞后阶数为 1~3 时,交通基础设施是房地产开发投资格兰杰因,且均在 10% 的水平上显著,但房地产开发投资只有在滞后 3 期时才表现为交通基础设施的格兰杰因,这表示交通基础设施的改善能够增加房地产开发投资规模,但房地产开发供给只有达到一定规模后才能对交通基础设施产生反馈作用。

第二节 交通基础设施对房地产开发投资影响的时间效应检验

交通基础设施对房地产开发投资影响的时间效应需从短期效应与长期效应两个方面进行探讨,短期效应是分析交通基础设施能否在短期内引起房地产开发投资暂时性变动。交通基础设施与房地产开发投资有着类似的发展特征,首先它们都具有规划性强的特点,交通基础设施和房地产开发投资都是按照城市发展规划进行，城市发展规划是政府采用的一种行政干预行为，政府通过控制城市的可供开发利用的土地资源，来对城市的空间布局及区域发展进行合理组织。由于土地自然供给曲线是静态无弹性的，而经济供给是动态有弹性的，但是弹性很小，所以整体上会限制交通基础设施与房地产开发投资空间与时间的范围。其次二者都具有投资大、建设期长、资金回笼周期长的特点。交通基础设施具有准公共品属性，投资资金大，少则千万元多则上亿元，建设周期基本都是数年，甚至会更久，建设过程复杂，资金回收期相对漫长，投资主体一般都是政府。房地产开发投资也有相似的特点，因此其准入门槛也相对较高，投资主体多为实力雄厚的企业、集体、个人或政府部门。最后二者都具有产业关联效应强的特点，它们会通过产业关联效应对经济发展、就业等产生影响。

由交通基础设施与房地产开发投资的特征可知，二者受外界因素的影响十分大，自身固有的发展特点也体现出它们似乎并不具有发生短时间或暂时性变动的动力，换句话说，交通基础设施的特征决定了它无法在短时间内产生数量抑或结构上的大变动，哪怕存在某种程度的变动也是极不灵敏的。因此，理论上讲交通基础设施对房地产开发投资影响的短期效应应该是不显著的。

但如果从长期看，这种影响有可能是较为明显的，首先，二者具有相似的产业特征，虽然短期内发生变动十分困难，但是长期内产生变动的可能性还是较大的，而且房地产开发投资对交通基础设施又有着极强的关联性与依赖性，当交通基础设施发生变化时一定会引起房地产开发投资的变动。其次，从社区生命周期视角来分析房地产开发投资量的变动：社区生命周期假设城市内所有社区都具有使用寿命周期，其在各个生命周期阶段具备不同的价值变动，形成这种价值变动的外界因素很多，而最关键的因素便是交通基础设施的变动。如图 4-2 所示，社区生命周期的成长阶段 A 区，在既定的交通基础设施资源配置下，房地产开发投资快速进入，曲线表现为持续上升。成熟阶段 B 区，由于城市内所有社区的房地产开发投资趋于饱和，既定交通基础设施承载有限，房地产开发投资增长速度处于缓慢状态。一段时间后进入下降阶段 C 区，这一阶段房地产价值开始贬值，要想提高房地产价值，只有通过城市整体功能与环境的改善，而这必须依赖城市交通基础设施的改善所带来的城市区位再造功能，这时就有可能吸引新的房地产开发投资进入来进行维护或者更新换代，此时社区生命周期将进入下一个成长期即 D 区。因此，由社区生命周期视角来看，交通基础设施对房地产开发投资的影响是一个漫长而持续的过程，它的长期效应十分明显。那么实际情况是否如理论分析一般？本节将利用面板误差修正模型检验其影响的时间效应。

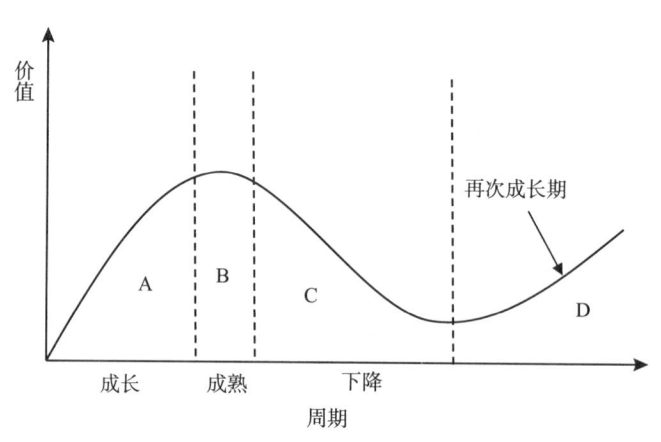

图 4-2 社区生命周期中房地产价值变动

一、变量、数据及实证模型建立

（一）变量选取、数据处理及说明

考虑到数据的可得性，样本选取 2002~2016 年我国 30 个省份（西藏自治区数据缺失）的年度数据进行实证研究，数据均来源于 Wind 和 EPS 全球数据库。

交通基础设施（transport）。本书采用交通密度来表示，具体做法就是用公路、铁路里程之和除以各省份的国土面积，此指标反映了各省份交通基础设施发展水平。

房地产价值（price）。该指标采用各省份年度商品房平均销售价格来表示。此指标反映了各省份房地产价值变化。为了剔除通货膨胀的影响，以 2002 年为 100 的定基居民消费价格指数进行平减。

房地产开发投资（rei）。该指标直接采用各省份的房地产开发投资额。此指标反映了各省份房地产开发投资的规模和区域分布差异。为了剔除通货膨胀的影响，将名义房地产开发投资额转化为实际值，以 2002 年为 100

的定基固定资产投资指数进行平减。

变量的描述及统计特征如表4-6所示，为了消除数据中可能存在的异方差问题，将上述所有变量都采用对数化处理，用 lntransport、lnprice、lnrei 分别代表对数化处理后的变量。

表4-6 变量的描述统计

变量	观察值	均值	标准差	最小值	最大值
transport	450.00	75.70	48.12	3.48	218.37
price	450.00	3 607.62	2 669.72	1 065.00	20 704.96
rei	450.00	989.80	1 042.21	10.87	6 192.77

（二）面板误差修正模型（VEC）设定

交通基础设施对房地产开发投资的影响时间效应是短期同步还是具有一定的滞后，这需要建立面板误差修正模型进行检验，本节建立的 VEC 模型形式如下：

$$dlnrei_{it} = b_{0i} \times (c_{it-1} - a_1 \times lntransport_{it} - a_2 \times lnprice_{it})$$
$$+ b_{1i} \times dlntransport_{it} + b_{2i} \times lnprice_{it} + vec_{it} \quad (4-2)$$

式（4-2）中 i 代表地区，t 代表时间，vec 为误差修正项。b_{0i} 代表误差修正速度，其中当 b_{0i} 等于0表示不存在长期关系，只有当 b_{0i} 小于0表示存在误差修正机制。a_1，a_2 反映了变量间的长期关系。b_1，b_2 反映了变量间的短期关系。

二、面板误差修正模型（VEC）估计及分析

前文从理论上分析了交通基础设施对房地产开发投资影响的短期效应应该是不显著的，但如果从长期看，这种影响有可能是较为明显的，为了实证检验交通基础设施对房地产开发投资影响的时间效应，本节建立 VEC 模型。由于上节根据信息准则判断出最佳滞后项为3阶滞后，因此本节 VEC 模型的最佳滞后期应为2阶，具体估计结果见表4-7。变量的估计系数主要表示其对长期均衡关系的偏离及调整程度。模型（1）重点关注交通基础设施和房地产开发投资间长期均衡关系。模型（2）重点关注交通基础设施和房地产价值间长期均衡关系。由模型（1）可知误差修正系数为负且

在1%的水平显著，说明变量间存在误差修正机制，由变量估计系数可知房地产开发投资自身滞后2期、交通基础设施滞后1~2期和房地产价值滞后1~2期分别与房地产开发投资间存在长期均衡关系，且均在5%的水平上显著，但房地产开发投资短期偏离只受房地产价值的影响，并在1%的水平上显著。交通基础设施对房地产开发投资影响的短期效应并不明显，这与前文理论分析相符。由模型（2）可知误差修正系数为负且在1%的水平上显著，说明变量间存在误差修正机制，由变量估计系数可知交通基础设施滞后1~2期、房地产开发投资滞后1~2期分别与房地产价值间存在长期均衡关系，且都在5%的水平上显著，但房地产价值短期偏离只受房地产开发投资的影响，并在1%的水平上显著。交通基础设施对房地产价值影响的短期效应并不明显。

表4-7　　　　　　　　　　VEC估计结果

变量	模型（1）$lnrei_t$	变量	模型（2）$lnprice_t$
$dlnrei_{t-2}$	2.066*** (0.273)	$dlnprice_{t-2}$	-0.139 (0.087)
$lntransport_{t-1}$	-0.594*** (0.189)	$lntransport_{t-1}$	-0.030** (0.014)
$lntransport_{t-2}$	-0.064** (0.029)	$lntransport_{t-2}$	-0.130*** (0.023)
$lnprice_{t-1}$	-3.266*** (0.767)	$lnrei_{t-1}$	-0.003*** (0.052)
$lnprice_{t-2}$	1.493*** (0.454)	$lnrei_{t-2}$	0.368*** (0.056)
dlntransport	0.045 (0.0767)	dlntransport	-0.087 (0.069)
dlnprice	0.423*** (0.090)	dlnrei	0.193*** (0.043)
ecm	-0.152*** (0.021)	ecm	-0.351*** (0.043)
C	-1.434*** (0.209)	C	2.664*** (0.317)
Log L	466.728	Log L	605.571

注：括号中报告的是稳健标准误；***、**、*分别表示在1%、5%、10%水平下显著。

三、实证结论

本节利用 2002～2016 年我国 30 个省级（西藏自治区数据缺失，不含港澳台数据）面板数据构建面板误差修正模型研究结果表明，长期来看，交通基础设施对房地产开发投资与房地产价值的影响是十分显著的，但交通基础设施暂时性变动对房地产开发投资和房地产价值的影响并不显著。之所以这样，主要由于交通基础设施与房地产开发投资有着类似的发展特征，自身固有的发展特点也体现出它们似乎并不具有发生短时间或暂时性变动的动力，但从社区生命周期视角来看城市交通基础设施的改善所带来的城市区位再造功能，能够带来城市整体功能与环境的改善，从而提升房地产附加功能价值，进一步影响供需关系，进而对房地产开发投资规模产生影响，因此交通基础设施对房地产开发投资影响的短期效应应该是不显著的，这是一个漫长而持续的过程，它的长期效应十分明显。这也与前文理论分析一致。

第五章 交通基础设施对房地产开发投资区际区位结构变动的影响

第一节 房地产开发投资区际区位结构的现实特征

本节依据官方划分原则，首先将我国 31 个省级行政区（不包括港澳台地区）划分为东部、中部和西部三大省进行比较分析。随后为了更具体反映不同地区情况，突出区际区位差异对房地产开发投资变动的影响，再进一步把三大区域划分为华北、东北、华东、中南、西南和西北六大省进行进一步的比较分析。具体划分如下：

1. 三大地区

东部地区：北京市、天津市、上海市、山东省、江苏省、浙江省、广东省、海南省、辽宁省和福建省。

中部地区：河北省、山西省、吉林省、黑龙江省、安徽省、河南省、江西省、湖北省和湖南省。

西部地区：云南省、四川省、贵州省、陕西省、甘肃省、宁夏回族自治区、新疆维吾尔自治区、青海省、西藏自治区、重庆市、内蒙古自治区和广西壮族自治区。

2. 六大地区

华北地区：北京市、天津市、河北省、山西省和内蒙古自治区。

东北地区：辽宁省、吉林省和黑龙江省。

华东地区：上海市、江苏省、浙江省、安徽省、福建省、江西省和山东省。

中南地区：河南省、湖北省、湖南省、广东省、广西壮族自治区和海南省。

西南地区：重庆市、四川省、贵州省、云南省和西藏自治区。

西北地区：陕西省、甘肃省、青海省、宁夏回族自治区和新疆维吾尔自治区。

一、基于房地产开发投资额指标分析房地产开发投资区际区位结构

房地产开发投资额能够准确地反映出一定时期内房地产业发展水平，它是一定时期内形成房地产资产而不断投入的物化劳动以及活劳动的总和。由于本节将我国31个省级行政区划分为不同地区，每个地区包含的省份不尽相同，为了合理地比较各地区房地产开发投资区位结构特征，本部分将从每个地区年度房地产开发投资额占全国总房地产开发投资额的比例、每个地区房地产开发投资额年度增长率这两个方面进行比较分析。

自从1998年实施住房制度改革后，我国房地产业得到飞速发展，尤为突出的便是房地产开发资本在这十几年间快速膨胀，2017年我国房地产开发投资总额是2002年的14.74倍（见表5-1）。虽然表面上看，我国房地产业整体发展态势良好，然而其中却存在很多问题，最典型的便是房地产开发资本区域配置极不均衡。首先，从三大地区年度房地产开发投资额占全国总房地产开发投资额的比重来看，由表5-1可知，东部地区经济最为发达，房地产业发展水平也最高，其房地产开发投资总量占全国总量的一大半。中部地区经济较为发达，房地产业发展水平相对较高，其房地产开发投资总量占全国总量的平均水平达23.90%。西部地区经济较为落后，区位优势不明显，地区竞争力与吸引力不足，房地产业发展水平较低，因此该地区的房地产开发投资总量占全国总量的比例最小。

表5-1 我国三大地区房地产开发投资占全国房地产开发投资的比例

年份	全国房地产开发投资（亿元）	东部地区占比（%）	中部地区占比（%）	西部地区占比（%）
2002	6 161.37	69.25	15.16	15.59
2003	8 079.03	66.47	17.45	16.08
2004	10 560.67	66.74	18.28	14.98

续表

年份	全国房地产开发投资（亿元）	东部地区占比（%）	中部地区占比（%）	西部地区占比（%）
2005	12 900.46	62.86	20.19	16.95
2006	15 992.29	60.11	21.89	18.00
2007	20 791.07	58.23	22.98	18.79
2008	25 795.35	55.91	25.05	19.05
2009	29 794.36	52.35	27.76	19.89
2010	39 674.63	52.07	27.90	20.02
2011	51 743.55	51.80	27.34	20.86
2012	58 686.21	51.16	27.16	21.68
2013	70 895.59	50.66	27.02	22.31
2014	78 698.40	49.89	27.20	22.91
2015	79 202.73	49.36	27.71	22.94
2016	84 541.40	48.79	28.55	22.66
2017	90 787.80	48.96	29.11	21.92
平均水平	—	56.65	23.90	19.45

资料来源：Wind 数据库。

其次，将我国 31 个省级行政区细分为六大地区进行比较分析，由表 5-2 可知，华东和中南地区虽然地理面积不大，但由于经济较为发达，房地产业发展水平相对较高，其房地产开发投资总量占全国总量的一大半。西北与西南地区尽管地域广阔但因为深处内陆，经济发展较差，区位优势不明显，地区竞争力与吸引力不足，房地产业发展水平较低，因此该地区的房地产开发投资总量占全国总量的比例较小。华北地区以北京市和天津市为首，其房地产开发投资总量占全国总量的比值长期较为稳定。总体而言，我国房地产开发资本空间分布极不均衡，其规模在六大地区的分布来看，华东地区规模最大，然后依次是中南地区、华北地区、西南地区、东北地区、西北地区。这也意味着由东部地区到西部地区，房地产业发展水平越来越低，房地产开发投资规模逐渐变小，这都是房地产开发投资对区位因子进行不断选择的结果，这也同我国当前房地产业发展现实相符。

对我国各大地区房地产开发投资规模分析后发现我国房地产开发资本地区配置极不均衡的特征，为了更准确地展现不同区位特征下对房地产开发投资的影响程度，接下来便对我国各大地区的房地产开发投资变动情况进行分析。由表 5-1 可知，东部地区房地产开发投资额占全国总房地产开发投资额的比例最大，平均占比约为 56.65%，2002 年甚至接近 70%，但 2002~2017 年，东部地区房地产开发投资规模呈现逐年递减趋势，而中部、西部地区基本保持上升趋势，这表明我国房地产开发投资开始从东部地区向中部、西部地区"逃逸"。

再从我国六大地区的房地产开发投资变动情况进行分析。由表 5-2 可知，华东地区房地产开发投资额占全国总房地产开发投资额的比例最大，平均占比约为 38.30%，有的年份甚至突破 40%，但 2005~2017 年，华东地区房地产开发投资规模占比有下降趋势，虽然 2014 年后有所上升但幅度不大。与华东地区变动趋势类似的还有华北地区，2002~2017 年房地产开发投资规模也是几乎呈现下降的趋势，仅有少部分年份有些波动。华东和华北地区房地产开发投资规模表现为这种下降态势，说明房地产开发投资开始从这两大区域"外逃"，但这并不表示这两个地区房地产业发展水平滞后或者是区位优势的丢失。这只是代表着其他地区由于政府的合理规划与经济的不断发展、交通基础设施的不断完善，与华东及华北地区的差距越来越小，原本不具有初始区位优势的地区现在也通过再造区位优势形成了新的区位优势，吸引了新的房地产开发投资。华东与华北地区房地产开发资本的下降趋势在其他地区能够得到弥补，中南地区、西南地区和西北地区大部分年份都保持着上升趋势，尽管部分年份有些许波动，但是这种房地产开发投资规模上升的趋势是值得关注的，虽然短时间内可能无法破除房地产开发资本配置不均衡的现象，但是如果长期保持还是会使这种配置不均衡现象得到缓解。

表 5-2　我国六大地区房地产开发投资占全国房地产开发投资的比例

年份	全国房地产开发投资（亿元）	华东地区占比（%）	中南地区占比（%）	华北地区占比（%）	西南地区占比（%）	东北地区占比（%）	西北地区占比（%）
2002	6 161.37	39.63	21.52	16.21	9.90	8.91	3.83
2003	8 079.03	42.36	20.16	15.03	9.88	8.43	4.14
2004	10 560.67	45.09	18.98	14.54	8.74	8.76	3.90

续表

年份	全国房地产开发投资（亿元）	华东地区占比（%）	中南地区占比（%）	华北地区占比（%）	西南地区占比（%）	东北地区占比（%）	西北地区占比（%）
2005	12 900.46	42.74	20.30	14.00	9.97	9.03	3.96
2006	15 992.29	40.58	20.71	14.69	10.14	9.82	4.06
2007	20 791.07	39.05	21.74	14.22	10.50	10.35	4.14
2008	25 795.35	38.56	21.84	13.98	9.93	11.02	4.66
2009	29 794.36	36.49	22.03	14.14	10.47	12.02	4.86
2010	39 674.63	35.78	21.95	15.38	10.32	11.80	4.77
2011	51 743.55	35.36	21.75	14.94	11.05	12.10	4.80
2012	58 686.21	35.27	21.58	12.96	12.27	12.49	5.42
2013	70 895.59	35.20	22.37	12.16	12.93	11.66	5.67
2014	78 698.40	36.15	23.63	12.04	13.73	8.76	5.69
2015	79 202.73	36.48	25.36	12.30	13.94	6.21	5.71
2016	84 541.40	36.51	27.55	12.69	13.44	4.18	5.64
2017	90 787.80	37.59	29.17	10.84	12.88	3.89	5.63
平均水平	—	38.30	22.54	13.76	11.26	9.34	4.81

资料来源：Wind 数据库。

接下来从三大地区房地产开发投资增长速度变动来看，如表 5-3 所示，2002~2017 年我国三大地区房地产开发投资增长率变化程度还是比较大的，虽然单纯的年度增长率水平是很难反映出房地产业发展的整体性与连续性，但从统计数据中还是可以窥见一二，全国和三大地区房地产开发投资增长率几乎全部是正增长，仅有东部地区 2015 年出现了负增长。从平均水平来看，东部地区房地产开发投资增长速度低于全国平均水平，为 17.83%。中部与西部地区房地产开发投资增长速度高于全国平均水平，分别为 25.40% 和 22.84%。这表示在东部地区房地产开发投资占优的情况下，中部、西部地区对房地产开发投资的吸引力不断上升，房地产开发资本开始呈现出由集聚到扩散的态势。

表 5-3　　　　　我国三大地区房地产开发投资增长率　　　（单位：%）

年份	全国	东部地区	中部地区	西部地区
2002	23.92	25.39	21.22	20.28
2003	31.12	25.86	50.91	35.26
2004	30.72	31.25	36.90	21.78
2005	22.16	15.05	34.94	38.18
2006	23.97	18.55	34.38	31.65
2007	30.01	25.93	36.53	35.70
2008	24.07	19.12	35.21	25.76
2009	15.50	8.16	27.98	20.65
2010	33.16	32.46	33.87	34.03
2011	30.42	29.73	27.80	35.85
2012	13.42	12.02	12.64	17.91
2013	20.80	19.62	20.21	24.33
2014	11.01	9.32	11.73	13.95
2015	0.64	-0.44	2.51	0.77
2016	6.74	5.52	9.99	5.44
2017	7.39	7.76	9.50	3.92
平均水平	20.32	17.83	25.40	22.84

资料来源：Wind 数据库。

最后，从我国六大地区房地产开发投资增长情况来看，由表 5-4 可知六大地区房地产开发投资增长率几乎也全部是正增长，仅有华北地区 2012 年和 2017 年、东北地区 2014~2016 年为负增长。从平均水平来看，华东地区平均增长率与全国平均增长率水平基本持平，略微高一点，为 20.38%。中南、西南和西北地区房地产开发投资增长率都超过了全国平均水平，分别为 22.36%、22.51% 和 22.53%。华北与东北地区房地产开发投资增长速度低于全国平均水平，分别为 17.50%、15.54%。由以上分析可知，在华东、中南与华北地区房地产开发投资总量占优的现状下，西南、东北与西北地区对房地产开发投资的吸引力也在稳步提升，房地产开发资本对区位的选择开始呈现出由集中走向分散的态势,虽然这一迹象目前还相对微弱,但这必将会成为未来房地产开发投资对区位选择与空间分布的大趋势。

表 5-4　　　　　　我国六大地区房地产开发投资增长率　　　　　单位:%

年份	全国	华东地区	中南地区	华北地区	西南地区	东北地区	西北地区
2002	23.92	30.22	22.46	21.87	24.44	11.89	10.33
2003	31.12	40.17	22.80	21.56	30.85	24.07	41.92
2004	30.72	39.13	23.06	26.42	15.59	35.90	23.09
2005	22.16	15.81	30.67	17.64	39.42	25.85	24.01
2006	23.97	17.69	26.49	30.08	26.06	34.83	27.18
2007	30.01	25.09	36.49	25.86	34.63	37.02	32.51
2008	24.07	22.52	24.62	21.96	17.38	32.21	39.66
2009	15.50	9.32	16.50	16.81	21.68	25.89	20.33
2010	33.16	30.57	32.67	44.87	31.30	30.74	30.83
2011	30.42	28.87	29.27	26.65	39.65	33.73	31.32
2012	13.42	13.12	12.50	-1.57	25.99	17.14	28.06
2013	20.80	20.58	25.26	13.29	27.29	12.78	26.33
2014	11.01	13.99	17.22	9.91	17.86	-16.59	11.42
2015	0.64	1.56	8.04	2.83	2.17	-28.74	1.01
2016	6.74	6.82	15.95	10.14	2.88	-28.10	5.31
2017	7.39	10.59	13.69	-8.28	2.97	0.03	7.16
平均水平	20.32	20.38	22.36	17.50	22.51	15.54	22.53

资料来源:Wind 数据库。

二、基于经济指标分析房地产开发投资区际区位结构

区位优势和经济增长之间有着紧密联系,陈耀等(2012)指出资源禀赋与区位条件将会影响区域经济发展路径的改变,与此同时,国家之间、地区之间经济绩效或者经济发展水平的迥异,也能够反映出地理位置、气

候条件及生态环境等各方面的差异。"区位决定论"者将地理区位条件当作影响经济增长的内生变量，地理区位因素通过直接影响农业生产率、生态环境、运输成本以及资源可得性，间接影响国际贸易活动与文化等来实现对经济增长的影响。张贡生等（2010）表示区位因素已然成为决定某个国家或地区经济发展的先决条件，良好的先天区位优势是实现国家或地区经济增长的重要方式。

房地产开发投资对区位的选择与区域经济发展水平有着密切联系。秦俊武（2013）指出房地产开发投资同地区经济发展水平保持着某种程度上的同步性与依赖性，他认为一个地区经济增长越快，发展势头较好，居民可支配收入与消费能力也将逐渐提高，资本逐利的本性会使房地产开发投资趋向这些地区布局。

因此本部分结合我国地区经济发展情况，分析地区经济发展差异对我国房地产开发投资区位选择的影响。首先，从我国三大地区房地产开发投资规模与GDP总量关系进行对比分析，如表5-5所示，2002~2017年间区域经济发展水平最高的是东部地区，然后是中部地区，接着是西部地区。房地产开发投资规模排序由大到小依次是东部地区、中部地区和西部地区。由此可知，房地产开发投资与地区经济呈现出一定程度的一致性，房地产开发投资区位的选择对地区经济发展水平有着一定的依赖性，地区经济越发达，该地区综合区位优势越强，对房地产开发投资的吸引力也越强。

表5-5 我国三大区域房地产开发投资与该地区GDP总量对比关系　　单位：亿元

年份	东部地区 房地产开发投资	东部地区 GDP	中部地区 房地产开发投资	中部地区 GDP	西部地区 房地产开发投资	西部地区 GDP
2002	4 266.48	65 163.73	934.24	34 698.86	960.66	20 956.71
2003	5 369.76	76 050.32	1 409.89	39 511.66	1 299.39	23 975.21
2004	7 048.04	91 010.78	1 930.18	47 966.58	1 582.46	28 945.20
2005	8 109.11	108 584.13	2 604.65	56 557.25	2 186.70	34 086.72
2006	9 613.21	127 055.27	3 500.25	65 435.09	2 878.83	40 346.38
2007	12 105.84	151 586.71	4 778.80	78 967.09	3 906.43	49 184.06
2008	14 420.91	178 073.18	6 461.61	94 793.00	4 912.83	60 447.77

续表

年份	东部地区 房地产开发投资	东部地区 GDP	中部地区 房地产开发投资	中部地区 GDP	西部地区 房地产开发投资	西部地区 GDP
2009	15 597.51	194 651.42	8 269.58	103 678.79	5 927.26	66 973.48
2010	20 660.04	230 093.68	11 070.45	125 539.82	7 944.14	81 408.49
2011	26 803.24	269 065.69	14 148.50	152 140.46	10 791.80	100 234.96
2012	30 025.33	294 163.46	15 936.79	168 483.58	12 724.10	113 904.80
2013	35 917.75	323 535.30	19 158.15	183 853.84	15 819.69	126 956.18
2014	39 266.37	349 306.31	21 406.15	196 943.32	18 025.88	138 099.79
2015	39 094.00	371 845.58	21 943.29	205 903.37	18 165.44	145 018.92
2016	41 251.42	400 362.89	24 136.15	222 878.91	19 153.84	156 828.17
2017	44 453.90	437 658.77	26 429.20	246 865.22	19 904.90	170 955.29
平均水平	22 125.18	229 262.95	11 507.37	126 513.55	9 136.52	84 895.13

资料来源：在中国历年统计年鉴基础上整理所得。

其次，再从我国六大地区房地产开发投资规模与GDP总量关系进行对比分析，如表5-6所示，两指标排序相同，由大到小依次是华东、中南、华北、西南、东北和西北地区，再次表明房地产开发投资规模与地区经济发展水平保持着一致性，这与前面的结论一致。

接下来再借助各大地区房地产开发投资占该地区GDP的比值进行分析。首先，从我国三大地区情况来看（见表5-7），平均水平指标最高的并非经济发达的东部地区而是西部地区，其平均水平指标由高到低的排序依次是西部地区、东部地区和中部地区。其次，我们再从我国六大地区情况来看（见表5-8），房地产开发投资占地区GDP的比值平均水平最高的也并非经济发达的华东地区而是西南地区，其平均水平指标由高到低的排序依次是西南、东北、华东、西北、华北和中南地区。出现这种现象可以从两方面原因来解释：一方面，经济发达的地区，GDP总量非常大，远远超过其他地区GDP总量和该地区的房地产开发投资，因此造成比重值较小。另一方面，随着经济发展，房地产开发投资开始转向西南、东北等中部、西部地区，这些地区的房地产开发投资总量快速增长，远远超过了GDP的增长速度，从而提高了房地产开发投资占GDP的比值。

表 5-6　我国六大地区房地产开发投资与该地区 GDP 总量对比关系

单位：亿元

年份	华东地区 房地产投资	华东地区 GDP	中南地区 房地产投资	中南地区 GDP	华北地区 房地产投资	华北地区 GDP	西南地区 房地产投资	西南地区 GDP	东北地区 房地产投资	东北地区 GDP	西北地区 房地产投资	西北地区 GDP
2002	2 441.55	45 064.80	1 326.18	31 068.72	999.02	16 749.78	610.03	10 676.16	548.75	11 443.96	235.86	5 815.88
2003	3 422.39	52 634.46	1 628.52	35 664.85	1 214.38	19 750.14	798.22	12 056.26	680.81	12 722.02	334.72	6 709.46
2004	4 761.54	63 726.32	2 004.03	42 946.75	1 535.21	24 234.25	922.67	14 394.26	925.21	14 544.61	412.00	8 076.37
2005	5 514.23	75 592.52	2 618.61	51 233.93	1 806.01	29 022.83	1 286.36	16 569.77	1 164.35	17 181.23	510.91	9 627.82
2006	6 489.66	88 449.83	3 312.19	60 068.52	2 349.26	33 870.98	1 621.54	19 215.35	1 569.88	19 791.44	649.75	11 440.62
2007	8 118.16	105 452.83	4 520.85	72 640.05	2 956.87	41 154.52	2 183.11	23 236.58	2 151.07	23 552.99	861.00	13 700.89
2008	9 946.39	124 093.53	5 633.80	86 223.22	3 606.33	49 657.58	2 562.46	28 043.42	2 843.91	28 409.05	1 202.47	16 887.15
2009	10 873.12	136 345.28	6 563.40	94 397.18	4 212.70	54 008.92	3 118.06	31 205.08	3 580.16	31 078.24	1 446.92	18 268.99
2010	14 196.61	162 031.40	8 707.35	112 745.34	6 102.91	64 605.16	4 094.15	37 444.86	4 680.62	37 493.45	1 892.99	22 721.78
2011	18 295.66	190 550.31	11 256.17	133 686.66	7 729.08	77 672.40	5 717.65	46 238.84	6 259.20	45 377.53	2 485.79	27 915.37
2012	20 696.12	208 781.22	12 663.28	146 962.55	7 607.67	85 341.70	7 203.55	53 145.10	7 332.25	50 477.25	3 183.34	31 844.02
2013	24 955.63	230 066.44	15 861.47	161 707.05	8 618.56	92 267.52	9 169.37	59 910.17	8 268.98	54 714.53	4 021.58	35 679.61
2014	28 447.50	248 874.78	18 593.02	176 338.24	9 472.69	97 010.59	10 807.35	65 801.07	6 897.15	57 469.10	4 480.70	38 855.64
2015	28 891.78	265 837.88	20 086.98	188 772.99	9 741.23	99 956.89	11 041.91	70 918.49	4 914.89	57 815.82	4 525.94	39 465.80
2016	30 863.03	292 559.98	23 290.19	207 914.29	10 728.71	106 803.48	11 359.39	78 391.69	3 533.74	52 409.79	4 766.35	41 990.74
2017	34 130.10	321 116.42	26 478.30	230 839.69	9 840.70	113 636.46	11 696.60	87 863.24	3 534.70	55 430.84	5 107.60	46 592.63
平均水平	15 752.72	163 198.63	10 284.02	114 575.63	5 532.58	62 858.95	5 262.03	40 944.40	3 680.35	35 619.49	2 257.37	23 474.55

资料来源：在中国历年统计年鉴基础上整理所得。

表 5-7　我国三大地区房地产开发投资占该地区 GDP 的比值　　单位：%

年份	东部地区	中部地区	西部地区
2002	6.55	2.69	4.58
2003	7.06	3.57	5.42
2004	7.74	4.02	5.47
2005	7.47	4.61	6.42
2006	7.57	5.35	7.14
2007	7.99	6.05	7.94
2008	8.10	6.82	8.13
2009	8.01	7.98	8.85
2010	8.98	8.82	9.76
2011	9.96	9.30	10.77
2012	10.21	9.46	11.17
2013	11.10	10.42	12.46
2014	11.24	10.87	13.05
2015	10.51	10.66	12.53
2016	10.30	10.83	12.21
2017	10.16	10.71	11.64
平均水平	8.93	7.63	9.22

资料来源：Wind 数据库。

表 5-8　我国六大地区房地产开发投资占该地区 GDP 的比值　　单位：%

年份	华东地区	中南地区	华北地区	西南地区	东北地区	西北地区
2002	5.42	4.27	5.96	5.71	4.80	4.06
2003	6.50	4.57	6.15	6.62	5.35	4.99
2004	7.47	4.67	6.33	6.41	6.36	5.10
2005	7.29	5.11	6.22	7.76	6.78	5.31
2006	7.34	5.51	6.94	8.44	7.93	5.68
2007	7.70	6.22	7.18	9.40	9.13	6.28
2008	8.02	6.53	7.26	9.14	10.01	7.12
2009	7.97	6.95	7.80	9.99	11.52	7.92
2010	8.76	7.72	9.45	10.93	12.48	8.33
2011	9.60	8.42	9.95	12.37	13.79	8.90
2012	9.91	8.62	8.91	13.55	14.53	10.00

续表

年份	华东地区	中南地区	华北地区	西南地区	东北地区	西北地区
2013	10.85	9.81	9.34	15.31	15.11	11.27
2014	11.43	10.54	9.76	16.42	12.00	11.53
2015	10.87	10.64	9.75	15.57	8.50	11.47
2016	10.55	11.20	10.05	14.49	6.74	11.35
2017	10.63	11.47	8.66	13.31	6.38	10.96
平均水平	8.77	7.64	8.11	10.96	9.46	8.14

资料来源：Wind 数据库。

通过对我国 31 个省级行政区按照官方划分方法进行区域划分，并借助房地产开发投资额、经济等相关指标分析房地产开发投资区际区位结构的布局及演变特征，数据分析表明房地产开发投资有着明显的区域选择倾向。当前我国房地产开发投资表现出明显的资本聚集态势，主要分布在东部地区，区域结构极不均衡，但近些年随着中部、西部地区经济的发展及投资环境的不断改善，投资吸引力逐渐提升，房地产开发投资开始呈现出从东部地区向中部、西部地区"逃逸"的现象，尽管目前这一现象还表现得比较微弱，但随着欠发达地区区位优势的不断提升，尤其是在"西部大开发""中部崛起""振兴东北老工业基地"等政策的实施下，区域经济差距在逐步缩小，区位优势再造过程持续凸显，房地产开发资本区际区位结构也将变得更加均衡合理。

第二节 交通基础设施对区域房地产开发投资影响的实证检验

一、变量选取、数据描述及模型建立

（一）变量选择和数据说明

考虑到数据的可得性，本节研究数据为中国 2002~2016 年 30 个省级行政区域面板数据（西藏自治区数据缺失），变量选择和处理方法如下：

房地产开发投资（rei）：用各省份实际房地产开发投资额表示，它能够

反映不同地区房地产开发资本规模和行业水平,省际的取值差异也反映出房地产开发投资的地区分布差异,一定程度上代表了房地产内部区域结构情况。

交通基础设施(transport):采用交通密度来衡量不同省份间交通基础设施发展水平,即用公路和铁路里程之和除以对应省份国土面积。

本节拟选取可能影响房地产开发投资区域分布差异行为的控制变量如下:

经济水平(gprgdp):用实际人均 GDP 的年均增长率来表示不同地区经济发展的差异,区域经济发展差异有可能带来房地产开发投资的区域分布差异,由于实际 GDP 几乎都是 I(1),而用 GDP 增长率就可平稳了。

产业结构(structure):选取第三产业增加值占对应省份 GDP 总量的比值来衡量,产业结构由农业、畜牧业到服务业的转变、升级,这可能导致房地产开发投资总量与结构类型发生改变。

城市规模(area):选取每个省份建成区面积,每个省份建成区面积的差异代表了可供开发利用的土地情况,从而进一步对房地产开发投资产生影响。

城市人口密度(popdensity):选取各个省份城镇人口总量占对应省份面积的比重来测度,一定程度上可以呈现出各个省份对房地产开发资本的需求规模,进而对房地产开发投资产生影响。

本书数据全部来自 EPS 全球数据库和 Wind 数据库,为了消除通货膨胀的影响将名义投资额和名义人均 GDP 转变成实际值,处理方法采用以 2002 年为基期(2002 = 100)的固定资产投资指数与居民消费价格指数依次进行平减,同时将所有变量进行对数化处理。数据描述具体如表 5 - 9 所示,从数据的散点图(见图 5 - 1)可以看出交通基础设施与房地产开发投资有明显的同向变动趋势,二者呈正相关性。

表 5 - 9　　　　　　　　　变量的描述统计

地区	变量	观察值	均值	标准差	最小值	最大值
全国	rei	450.00	989.80	1 042.21	10.87	6 192.77
	transport	450.00	75.70	48.12	3.48	218.37
	gprgdp	450.00	10.72	6.03	-23.51	41.02
	structure	450.00	41.00	8.36	28.60	80.23
	area	447.00	1 327.75	998.82	98.94	5 808.12
	popdensity	450.00	2 409.28	1 365.36	186.00	6 307.38

续表

地区	变量	观察值	均值	标准差	最小值	最大值
西部地区	rei	165.00	561.45	600.26	10.87	2 999.65
	transport	165.00	43.81	37.58	3.48	176.21
	gprgdp	165.00	11.95	6.45	-2.53	41.02
	structure	165.00	39.05	4.03	32.21	51.41
	area	165.00	757.80	446.30	98.94	2 615.59
	popdensity	165.00	2 372.50	1 582.34	186.00	6 307.38
中部地区	rei	135.00	850.74	800.94	45.76	3 807.54
	transport	135.00	79.09	38.49	15.07	163.48
	gprgdp	135.00	10.65	5.68	-1.43	33.49
	structure	135.00	37.17	4.77	28.60	55.45
	area	135.00	1 379.35	433.90	501.33	2 544.27
	popdensity	135.00	2 870.55	1 461.51	340.00	5 967.00
东部地区	rei	150.00	1 586.13	1 311.86	16.02	6 192.77
	transport	150.00	107.71	43.84	35.54	218.37
	gprgdp	150.00	9.44	5.61	-23.51	21.26
	structure	150.00	46.58	11.11	32.00	80.23
	area	147.00	1 920.10	1 388.60	146.67	5 808.12
	popdensity	150.00	2 034.60	777.97	555.00	3 826.00
华东地区	rei	105.00	1 565.00	1 269.34	70.93	5 610.56
	transport	105.00	110.54	47.77	37.78	218.37
	gprgdp	105.00	10.30	5.09	-7.81	23.43
	structure	105.00	41.39	8.00	30.90	69.78
	area	103.00	1 848.02	1 109.48	501.33	4 795.47
	popdensity	105.00	2 289.33	1 066.05	555.00	4 822.00
中南地区	rei	90.00	1 137.43	1 181.69	16.02	6 192.77
	transport	90.00	85.80	38.50	25.00	163.48
	gprgdp	90.00	10.89	4.63	3.56	22.36
	structure	90.00	39.99	5.60	28.60	54.25
	area	90.00	1 725.48	1 375.27	146.67	5 808.12
	popdensity	90.00	2 586.76	1 378.84	453.00	5 967.00

续表

地区	变量	观察值	均值	标准差	最小值	最大值
华北地区	rei	75.00	815.93	685.29	45.76	3 099.46
	transport	75.00	82.56	45.86	6.67	157.74
	gprgdp	75.00	10.62	7.92	-1.43	41.02
	structure	75.00	45.96	14.66	31.51	80.23
	area	74.00	1 065.96	372.10	453.99	2 056.45
	popdensity	75.00	1 967.08	961.85	508.00	3 974.00
西南地区	rei	60.00	878.16	753.58	60.36	2 999.65
	transport	60.00	73.20	41.45	23.85	176.21
	gprgdp	60.00	12.42	4.90	3.18	29.27
	structure	60.00	40.67	4.28	33.40	48.80
	area	60.00	941.15	543.43	320.45	2 615.59
	popdensity	60.00	2 163.46	1 074.15	237.00	4 029.00
东北地区	rei	45.00	940.62	982.77	104.79	4 165.12
	transport	45.00	46.95	20.16	15.07	86.48
	gprgdp	45.00	8.94	7.42	-23.51	20.29
	structure	45.00	38.55	4.98	29.42	54.04
	area	45.00	1 612.73	463.26	810.10	2 798.20
	popdensity	45.00	2 343.18	1 568.10	340.00	5 504.00
西北地区	rei	75.00	300.03	360.08	10.87	1 591.10
	transport	75.00	27.17	23.56	3.48	86.14
	gprgdp	75.00	10.92	6.26	-2.53	26.14
	structure	75.00	38.41	3.91	32.30	51.41
	area	75.00	532.54	306.60	98.94	1 199.37
	popdensity	75.00	3 042.74	1 845.29	186.00	6 307.38

资料来源：EPS 全球数据库和 Wind 数据库。

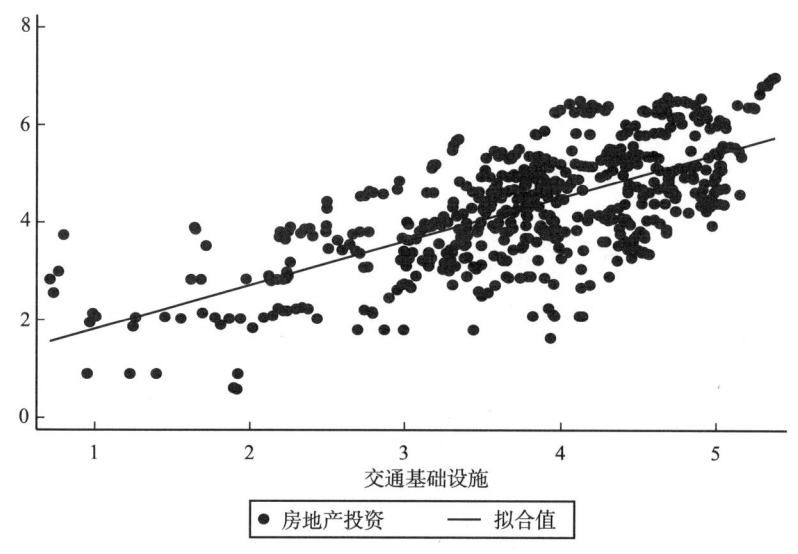

图 5-1 交通基础设施与房地产投资散点图

（二）模型设定

考虑到交通基础设施对房地产开发投资区位结构的影响具有动态持续性特征，本部分将采用动态差分 GMM 模型对我国东部、中部、西部三大地区进行实证分析，该模型的优点是可以利用工具变量来解决内生性问题。同时模型将报告 Sargan 检验值判断工具变量的有效性，AR 检验值判断扰动项是否存在自相关。该模型设置如下：

$$\ln rei_{it} = \beta_0 + \varphi_1 \ln rei_{i,t-1} + \varphi_2 \ln rei_{i,t-2} + \varphi_3 \ln rei_{i,t-3} \\ + \beta_1 \ln transport_{it} + \theta X_{it} + \eta_i + \varepsilon_{it} \tag{5-1}$$

其中 i 和 t 分别代表地区和时间，η_i 代表地区效应，ε_{it} 是随机扰动项。X 是一组可能影响房地产开发投资行为的控制变量，包括实际人均 GDP 的年均增长率（gprgdp）、产业结构（structure）、城市规模（area）、城市人口密度（popdensity）。

由于六大地区数据样本较小采用动态差分 GMM 估计结果并不稳定，因此这部分将采用固定效应面板模型进行实证分析。

$$\ln rei_{it} = \beta_0 + \beta_1 \ln transport_{it} + \theta X_{it} + \eta_i + \varepsilon_{it} \tag{5-2}$$

其中 i 和 t 分别代表地区和时间，η_i 代表地区效应，ε_{it} 是随机扰动项。X 是一组可能影响房地产开发投资行为的控制变量，包括实际人均 GDP 的年均增长率（gprgdp）、产业结构（structure）、城市规模（area）、城市人口密度（popdensity）。

二、估计结果及分析

（一）基于我国三大地区实证分析

考虑到房地产开发投资和交通基础设施建设水平存在着地区配置差异，而房地产开发投资对区位又有着特殊偏好，为了更好地研究二者的内在联系，本书进行了全国和分地区估计，根据信息准则判断出全国建立三阶滞后模型，中部、西部地区建立三阶滞后模型，东部地区建立二阶滞后模型。表5-10中报告出了自回归AR检验和工具变量过度识别Sargan检验，从检验结果看AR（2）、AR（3）都大于0.1，说明扰动项拒绝存在二阶、三阶的自相关，同时Sargan=1，说明所有工具变量都有效，用差分GMM对本节进行估计是合适的。

表5-10　我国三大地区交通基础设施对房地产开发投资的实证结果

解释变量	模型1	模型2	模型3	模型4
L1.lnrei	1.088*** (0.044)	1.928*** (0.703)	0.807* (0.441)	1.028*** (0.206)
L2.lnrei	-0.241*** (0.065)	-1.036 (0.739)	4.548** (1.995)	-0.515 (0.489)
L3.lnrei	0.078* (0.043)	-1.971* (1.074)	-2.036* (1.066)	—
lntransport	0.066** (0.028)	3.464** (1.684)	2.315** (1.067)	1.832** (0.840)
lngprgdp	0.046*** (0.005)	0.244** (0.122)	0.419** (0.169)	0.046** (0.022)
lnstructure	-0.001 (0.140)	3.823*** (1.375)	2.934** (1.387)	-1.859 (1.181)
lnarea	0.066 (0.143)	5.410 (3.383)	-9.454* (5.349)	1.202** (0.498)

续表

解释变量	模型1	模型2	模型3	模型4
lnpopdensity	-0.028** (0.011)	-1.251** (0.594)	3.833** (1.641)	0.745 (0.816)
常数C	0.030 (0.660)	-41.781** (20.615)	21.897 (15.728)	-12.505 (16.204)
AR(1) P值	0.003	0.334	0.816	0.357
AR(2) P值	0.518	0.861	0.711	0.568
AR(3) P值	0.197	0.162	0.485	—
Sargan检验	1.000	1.000	1.000	1.000
备注	全国	西部	中部	东部

注：括号中报告的是稳健标准误；***、**、*分别表示在1%、5%、10%水平下显著。

表5-10估计结果显示不同地区交通基础设施建设发展水平对我国房地产开发投资空间分布差异存在较大影响，总体而言，交通基础设施对当前房地产开发投资区位结构变动的影响在不同地区都表现得十分明显，均在5%的水平上显著，但表现程度却存在很大差别，由估计系数可知，交通基础设施对房地产开发投资区位结构影响程度最大的是西部地区，约束系数是3.464，这表明在该地区，交通基础设施每变动1个单位，房地产开发投资会增加3.464个单位。其次是中部地区，约束系数为2.315，即交通基础设施每增加1%，房地产开发投资也会增长2.315%。约束系数最小的是东部地区，为1.832。这可能因为东部地区本身经济相对更加发达，城市交通基础设施建设较早，相对其他两个地区交通基础设施建设也更加完善，存量相对更大，房地产开发投资在该地区的初始配置相对更加均衡，房地产业发展也更快，后期交通基础设施的投入更多是对已有城市交通基础设施的完善与修复，无法形成交通基础设施建设水平整体性的大幅提升，因此不会导致房地产开发投资大量地进入该地区，从而约束系数明显比西部和中部地区小。

由上述结果可以看出，房地产开发投资受到的约束作用根据不同地区交通基础设施建设发展水平程度的不同而不同，交通基础设施建设好的地区受到的约束作用小，但是交通基础设施发展相对滞后的地区却对房地产开发投资的约束作用较大，这再次证明了交通基础设施区域发展的差异会显著影响房地产开发投资的空间分布。总体而言，房地产开发投资区位结构的形成很大程度上会依赖于交通基础设施建设水平的整体改善程度，假如一个地区交通基础设施整体水平得到很大程度的改善，那么其对房地产开发投资区位结构的影响更加明显，交通基础设施对房地产开发投资的约束效应也就更加明显，如西部地区正是如此，即本来的城市交通基础设施建设水平并不完善，但通过不断地改善使得交通基础设施整体水平得到大幅度的提升，从而能够吸引房地产开发投资大规模的进入，表现在约束系数上也就相对更大，反之，交通基础设施建设本身相对完善的东部地区由于本身经济相对更加发达，因而无法使得房地产开发投资发生较大规模的变动，表现在约束系数上也就会更小。进一步，应当利用相对落后地区交通基础设施对当前房地产开发投资约束作用较大的特点，加大对该地区交通基础设施的建设将有助于解决当前房地产开发投资的区域不均衡问题，从而优化房地产开发投资在空间和时间上的配置。

从表5-10估计结果还可以看出，对于控制变量，不论是较发达的东部、中部地区还是相对落后的西部地区，经济增长对房地产开发投资的影响在三个地区都显著为正，且显著水平均在5%，表示房地产开发投资对区位的选择和地区经济发展水平确实有着密切联系，但约束系数却不尽相同，由估计系数可知，经济增长对房地产开发投资影响程度最大的是中部地区，约束系数是0.419，表明经济增长每增加1%会提高该地区房地产开发投资规模0.419%。其次是西部地区，约束系数为0.244。经济增长对房地产开发投资影响程度最小的是东部地区，约束系数仅为0.046。这表明加大欠发达地区经济建设有助于缩小中部、西部地区同东部地区房地产开发投资的规模差距。

由表5-10估计结果还可以看出，对于其他控制变量，产业结构对房地产开发投资的影响在中部、西部地区显著，城市规模对房地产开发投资的影响在中部、东部地区显著，城市人口密度对房地产开发投资的影响仅在中部、西部地区显著。

（二）基于我国六大地区实证分析

表5-11估计结果与表5-10基于三大地区的实证结果是一致的，结果也显示交通基础设施对当前房地产开发投资区位结构变动的影响在不同地区表现得十分显著，基本在1%的水平上显著（华北地区在10%的水平上显著），但约束程度却存在差异，由估计系数可知，交通基础设施对房地产开

发投资区位结构影响程度由大到小排序依次是东北地区、西北地区、中南地区、西南地区、华东地区和华北地区。这再次证实了交通基础设施建设好的地区其房地产开发投资受到的约束作用小，但是交通基础设施发展相对滞后的地区却对房地产开发投资的约束作用较大。

表 5–11　我国六大地区交通基础设施对房地产开发投资的实证结果

解释变量	华东地区	中南地区	华北地区	西南地区	东北地区	西北地区
lntransport	0.531*** (0.204)	0.611*** (0.188)	0.209* (0.107)	0.535*** (0.061)	1.368*** (0.102)	0.641*** (0.061)
lngprgdp	−0.123 (0.128)	−0.308 (0.202)	−0.173* (0.099)	−0.078 (0.010)	−0.016 (0.047)	−0.406*** (0.121)
lnstructure	1.072** (0.476)	2.097*** (0.367)	0.818*** (0.276)	1.471*** (0.438)	−0.312 (0.492)	−1.128 (0.891)
lnarea	1.005*** (0.095)	0.818*** (0.089)	1.651*** (0.175)	1.494*** (0.084)	1.620*** (0.153)	0.663*** (0.056)
lnpopdensity	0.185 (0.114)	0.331*** (0.117)	0.096 (0.158)	0.228*** (0.046)	0.014 (0.073)	0.228*** (0.063)
常数 C	−7.920*** (2.275)	−11.572*** (2.417)	−9.432*** (1.997)	−12.857*** (1.964)	−9.536*** (1.777)	2.427 (3.448)
R^2	0.782	0.782	0.730	0.939	0.922	0.818

注：括号中报告的是稳健标准误；***、**、*分别表示在1%、5%、10%水平下显著。

三、实 证 结 论

本书运用我国 2002~2016 年省级面板数据，按照官方划分方法将我国 31 个省级区域首先划分为东部、中部和西部三大地区，构建动态差分 GMM 面板模型实证分析了交通基础设施对房地产开发投资区际区位结构的影响，其次再细分为华东、中南、华北、西南、东北与西北六个地区，构建固定效应面板模型进行稳健性检验。实证结论如下：

地区间交通基础设施的发展水平差异对我国房地产开发投资区位结构存在显著影响，根据估计系数来看，经济相对发达、交通基础设施建设相对完善的地区如东部地区对房地产开发投资区位结构的影响程度反而更小，其约束系数为 1.832，而经济相对落后、交通基础设施建设不完善的地区（如西部和中部地区）对房地产开发投资区位结构的影响程度反而更大，其约束系数分别为 3.464 和 2.315。这说明不同地区以及交通基础设施建设水平在我国当前房地产开发投资区域差异中扮演了重要角色。因此应利用不发达地区交通基础设施对房地产开发投资影响敏感性较大，引导房地产开发投资向这些地区分配，优化房地产开发投资在空间和时间上的配置，特别是加大我国西部等落后地区的交通基础建设投资对缩小区域经济发展差距、打破当前区域经济发展格局也具有战略意义。

第三节　交通基础设施对房地产开发投资的溢出效应

本节主要考虑房地产开发投资的"空间效应"，研究本地区交通基础设施对其他地区房地产开发投资的约束效应，以及本地区房地产开发投资对其他地区房地产开发投资可能产生的"挤占效应"。

一、变量选取、数据处理及说明

本节选取 2002~2016 年 30 个省份（西藏自治区数据缺失，不含港澳台数据）的年度面板数据进行实证分析，数据均来自 EPS 全球数据库和 Wind 数据库。

房地产开发投资（rei）：采用各省份房地产开发投资数额衡量不同省份间房地产开发资本规模及区域结构分布差异。

交通基础设施（transport）：运用交通密度测算各省份交通基础设施建设水平，即用公路和铁路里程之和除以相应省份土地面积。

本书拟选取其他可能引起房地产开发资本内部结构变动的控制变量如下：

经济水平（pgdp）：用各省份人均 GDP 反映不同省份经济发展水平，地区间经济发展差异可能引起地区房地产开发投资规模差异。

产业结构（structure）：该指标采用各省份第三产业增加值占 GDP 总量的比值表示，产业结构由第一、第二产业向服务业转变升级，可能引发房地产开发内部结构类型的变动。

城市规模（area）：选用各省份建成区面积反映城市已有的空间布局和

可使用的土地情况，从而引起房地产开发投资变动。

收入水平（income）：用各省份城镇居民人均可支配收入表示，一定程度上衡量基于需求层面对房地产开发投资变动的影响。

财政支出（expenditure）：用各省份政府一般预算支出表示，政府支出规模越大则对交通基础设施投入越大，影响交通基础设施的空间溢出效应，进一步引起房地产开发投资变动。

本书为了剔除通货膨胀的影响，将名义房地产开发投资额转化为实际值，以2002年为100的定基固定资产投资指数进行平减。将名义人均GDP、名义城镇居民人均可支配收入和名义政府一般预算支出转化为实际值，处理方法是以2002年为100的居民消费价格指数进行平减，为了解除异方差影响，对上述变量均采取对数化处理，变量描述统计如表5-12所示。

表 5-12　　　　　　　　　变量的描述统计

变量	观察值	均值	标准差	最小值	最大值
rei	450.00	989.80	1 042.21	10.87	6 192.77
transport	450.00	75.70	48.12	3.48	218.37
pgdp	450.00	25 131.24	17 209.93	3 153.00	89 001.88
structure	450.00	41.00	8.36	28.60	80.23
area	450.00	1 325.70	995.91	98.94	5 808.12
income	450.00	14 164.67	6 456.79	5 944.08	43 510.83
expenditure	450.00	1 840.96	1 475.42	98.45	9 592.24

二、模型设定

传统的线性回归模型假设各地区的变量彼此独立，事实上交通基础设施的网络效应使得各地区的经济活动不再相互独立而是连成整体，这时采用传统的线性回归模型就会出现有偏估计，而空间计量可以很好地处理变量间的空间依赖性和空间异质性，它在已有的数据上加入了地理位置信息从而形成空间数据。本书通过构建空间杜宾模型（SDM）分析交通基础设施对房地产开发投资的空间溢出效应。该模型能够反映某一地区的房地产开发投资除了受当地经济水平、产业结构、城市规模等控制变量和交通基础设施核心变量的影响外，还会受到相邻地区自变量和因变量的影响，计量模型如下：

$$\ln rei_{it} = \gamma \sum_{j=1}^{n} W_{ij} \ln rei_{jt} + \beta_1 \ln transport_{it} + \beta_2 (\ln transport_{it})^2 + \beta_3 \ln pgdp_{it}$$
$$+ \beta_4 \ln structure_{it} + \beta_5 \ln area_{it} + \beta_6 \ln income_{it} + \beta_7 \ln expenditure_{it}$$
$$+ \rho_1 \sum_{j=1}^{n} W_{ij} \ln transport_{jt} + \rho_2 \sum_{j=1}^{n} W_{ij} (\ln transport_{jt})^2$$
$$+ \rho_3 \sum_{j=1}^{n} W_{ij} \ln pgdp_{jt} + \rho_4 \sum_{j=1}^{n} W_{ij} \ln structure_{jt} + \rho_5 \sum_{j=1}^{n} W_{ij} \ln area_{jt}$$
$$+ \rho_6 \sum_{j=1}^{n} W_{ij} \ln income_{jt} + \rho_7 \sum_{j=1}^{n} W_{ij} \ln expenditure_{jt} + \varepsilon_{it} \quad (5-3)$$

式（5-3）中 i 代表本地区，j 代表邻近地区，t 代表时间，γ 为空间滞后回归系数，ρ、β 为回归参数，ε 为误差项，$(\ln transportit)^2$ 代表交通基础设施的非线性影响，W 为空间权重，本书将根据相邻原则和经济原则构建两类空间权重，具体如下：

1. 邻接矩阵 W_{cont}

$$W_{it} = \begin{cases} 1, & \text{地区 i 与地区 j 相邻} \\ 0, & \text{地区 i 与地区 j 不相邻} \end{cases} \quad (5-4)$$

2. 经济空间权重 W_{perpop}

$$W_{it} = \frac{1/|X_i - X_j|}{\sum_j 1/|X_i - X_j|} \quad (5-5)$$

其中，X_i，X_j 表示地区 i 和地区 j 2002～2016 年平均人口密度。上述空间权重最后都进行行标准化处理。为了确保结果的一致性和有效性，本书估计方法为极大似然法，并用对数似然函数（Log L）表示，所有实证操作都在 State13.0 上完成。

三、估计结果及分析

交通基础设施不仅具有一般基础设施属于社会公共产品所具备的外部性，还具有区域外部性，它会对房地产开发投资产生空间溢出效应，首先，交通基础设施的网络特性，使得各个地区的经济活动不再割裂而是连成一个整体，减少了企业和居民的交通成本，通过扩散效应，促使一个地区的发展带动周边地区的发展，从而使得一个地区的房地产开发投资增长带动周边地区房地产开发投资增长，这表现为正的空间溢出效应。其次，交通基础设施会改善所在地区的可达性与吸引力,重塑该地区的区位优势,加速要素间的流动,尤其是对于经济较为发达地区,因为日积月累的先发优势,包括拥有先进的科技力量、丰富的资本力量和良好的制度环境等,交通基础设施的改善会进一步加强和提升该地区的竞争优势,吸引更多房地产开发投资涌入,这可能导致周边地区房地产开发投资减少,尤其是对于落后地区的房地产开发投资将产生负的空间溢出效应。因此,在研究交通基础设施对房地产开发投资区际区位结构变动影响时,需要考虑交通基础设施的空间溢出效应。

交通基础设施对房地产开发投资具有空间溢出效应取决于其自身具备的区域外部性,这也与房地产开发投资在各个地区的集聚与扩散紧密相连。交通基础设施不仅是优势地区发生房地产开发投资空间集聚的前提,完善的交通运输网络可以促进房地产开发资本注入先行地区,而且交通基础设施还是房地产开发投资发生空间扩散的条件,完善的交通基础设施是欠发达地区吸引优势地区房地产开发投资流入的必备条件。当房地产开发投资表现为通过完善的交通基础设施从欠发达地区向较发达地区集聚时,交通基础对欠发达地区房地产开发投资产生了负的空间溢出效应;反之,当房地产开发投资通过交通基础设施形成的空间流动展现出由发达地区向落后地区扩散时,交通基础设施对欠发达地区产生了正的空间溢出效应。

表5-13罗列了基于传统计量方法的OLS和考虑多维空间权重下的空间杜宾模型(SDM)的估计结果。从结果中可以看出,无论是采用普通计量方法还是引入空间维度的空间计量方法,核心变量交通基础设施及其二次项均在5%的水平上显著,这说明交通基础设施对房地产开发投资的空间溢出效应是相对稳健的,但各种模型估计的产出系数不同,其中运用OLS模型回归的系数最大,然后是利用地理相邻原则空间权重下的SDM模型回归的系数,而基于人口密度空间权重下的SDM模型回归参数最小,这表明没有考虑空间相关性的传统计量方法会产生有偏估计。另外,多维空间权重下SDM模型中空间滞后系数ρ在5%的水平上显著,交通基础设施及其二次项的空间滞后项Wlntransport及W(lntransport)^{2}也均在10%的水平上显著,这说明本书采用的空间杜宾模型是合适的。此外,霍斯曼检验值表示采用地理相邻原则空间权重下的SDM模型接受原假设应采用随机效应模型,而采用人口密度空间权重下的SDM模型在5%的水平上拒绝原假设应采用固定效应模型。

表 5-13　　　　　　　　各种模型计量分析的结果

变量	OLS 模型	SDM 模型			
		$0-1W_{0-1}$		人口密度 W_{perpop}	
		固定效应	随机效应	固定效应	随机效应
lntransport	0.939*** (0.131)	0.708** (0.291)	0.776*** (0.252)	0.017** (0.008)	0.380** (0.174)
$(lntranspor)^2$	-0.092*** (0.018)	-0.099*** (0.035)	-0.105*** (0.032)	-0.024** (0.011)	-0.040** (0.020)
lnpgdp	0.208*** (0.062)	0.588*** (0.147)	0.537*** (0.116)	0.823*** (0.144)	0.626*** (0.114)
lnstructure	-0.395*** (0.126)	0.288* (0.154)	0.212 (0.151)	0.448** (0.177)	0.348** (0.170)
lnarea	0.354*** (0.038)	0.226* (0.129)	0.227** (0.091)	0.312** (0.138)	0.311*** (0.096)
lnincome	0.602*** (0.151)	-0.544** (0.250)	-0.546** (0.232)	-0.682** (0.273)	-0.566** (0.231)
lnexpenditure	0.570*** (0.051)	1.028*** (0.141)	0.982*** (0.114)	0.994*** (0.159)	0.924*** (0.129)
C	-8.759*** (0.746)	—	-7.287*** (1.506)	—	-13.509 (10.531)
Wlntransport	—	-1.001*** (0.380)	-0.898*** (0.323)	-12.266** (5.092)	-9.209* (5.119)
$W(lntransport)^2$	—	0.134*** (0.047)	0.126*** (0.042)	1.605** (0.679)	1.188* (0.684)
Wlnpgdp	—	0.868*** (0.239)	0.465** (0.207)	4.890*** (1.166)	3.622*** (1.057)
Wlnstructure	—	0.195 (0.263)	0.117 (0.259)	-0.752 (0.567)	-0.966* (0.579)
Wlnarea	—	0.466** (0.236)	0.440*** (0.147)	-2.480** (1.215)	-0.533 (1.130)

续表

变量	OLS 模型	SDM 模型			
		$0-1W_{0-1}$		人口密度 W_{perpop}	
		固定效应	随机效应	固定效应	随机效应
Wlnincome	—	-0.181 (0.318)	-0.018 (0.313)	3.245** (1.319)	1.796 (1.282)
Wlnexpenditure	—	-0.946*** (0.183)	-0.715*** (0.166)	-3.016*** (0.543)	-2.150*** (0.495)
ρ	—	0.189*** (0.062)	0.222*** (0.061)	-1.016*** (0.344)	-0.828** (0.324)
R^2	0.931	0.837	0.880	0.824	0.898
Log L	—	82.105	7.073	-15.011	0.675
Hausman 检验值	—	-1.930		15.200**	

注：OLS 模型和面板数据模型中括号内为 t 值，SDM 模型中括号内为 z 值；***、**、* 分别表示在 1%、5%、10% 水平下显著。

表 5-13 显示基于地理邻近原则的 0-1 空间权重 W_{0-1} 随机效应模型和人口密度空间权重 W_{perpop} 的 SDM 固定效应模型中交通基础设施的产出系数在 5% 的水平上显著为正，表明本地区交通基础设施每增加 1 个单位能够带动本省房地产开发投资增加 0.017~0.776 个单位。基于地理邻近原则的 0-1 空间权重 W_{0-1} 随机效应模型和人口密度空间权重 W_{perpop} 的 SDM 固定效应模型中空间滞后系数 Wlntransport 在 5% 的水平上显著为负，这表明我国交通基础设施存在空间自相关，本地区交通基础设施的建设可以促进相邻省份的发展，并对房地产开发投资产生了负溢出空间效应，即外省份交通基础设施的建设会抑制本地区房地产开发投资的增长，由表 5-13 可知，外省份交通基础设施每增加 1% 会使本地区房地产开发投资减少 0.898%~12.266%。这主要因为交通基础设施的网络效应使得空间具有可达性，运输成本的下降带动了生产要素在地区间的相互流动，要素在不同地区发生集聚和扩散行为，从而导致区域优势的重构和提升，房地产开发对区位的敏感性使得它随着交通基础设施的改善而发生变动。尤其是对于经济较为发达地区，因为日积月累的先发优势，包括拥有先进的科技力量、丰富的资

本力量和良好的制度环境等，交通基础设施的改善会进一步加强和提升该地区的竞争优势，吸引更多房地产开发投资涌入，使得房地产开发投资通过完善的交通基础设施从欠发达地区向较发达地区集聚，因此，交通基础对欠发达地区房地产开发投资产生了负的空间溢出效应。这也与我国当前房地产开发投资主要集中在经济较为发达的东部地区，呈现出空间非常规集聚态势的现实相符。但随着房地产开发投资集聚规模的扩大，其内部结构也随之发生变动，交通基础设施的不断改善为发达地区集聚带来更多的吸引力，也产生了扩散力。特别是交通一体化带来的同城化现象，使得人口及各种生产资料在区域间的流动更加便捷，改变着房地产需求的空间分布，从而影响房地产开发投资行为。例如，合宁城际铁路的开通促使合肥、南京"1小时通勤圈"，合肥、上海"3小时交通圈"的形成，城际线路上城市间的通勤时间缩短，从而有效带动了各类要素的扩散，进一步影响着其他城市房地产开发投资行为。因此，我国房地产开发投资地理分布位置呈现出由东部地区往中部、东部地区扩张的趋势。

但是地理邻近原则的 0－1 空间权重 W_{0-1} 下估计的参数系数低于人口密度空间权重 W_{perpop} 的回归系数，这表明仅仅只考虑地理位置的空间计量模型会低估交通基础设施对房地产开发投资的溢出作用。此外，$(lntranspor)^2$ 及其空间滞后项的系数在 5% 的水平上显著，表明交通基础设施对我国房地开发投资的空间溢出效应存在明显的非线性关系，且在本地表现出边际报酬递减特性。

表 5－13 中基于地理邻近原则的 0－1 空间权重 W_{0-1} 空间杜宾随机效应模型中房地产开发投资空间滞后系数 ρ 在 1% 的水平上显著为正，表示外省份房地产开发投资的增长会带动本地区房地产开发投资行为，但基于人口密度空间权重 W_{perpop} 的空间杜宾固定效应模型中该系数为负，说明在考虑人口流动因素下，房地产开发投资表现出空间负溢出效应，这是由于目前我国人口属于单向流动特征，交通基础设施的网络效应会促使各类要素优先进入发达地区，各类要素通过便捷的交通基础设施从落后地区流向发达地区，从而造成负溢出效应。

表 5－14 给出了基于地理邻近原则的 0－1 空间权重 W_{0-1} 空间杜宾随机效应模型和基于人口密度空间权重 W_{perpop} 的空间杜宾固定效应模型的效应分解，其中直接效应表示地区 i 的自变量 x 对本地区房地产开发投资的影响，间接效应表示相邻省份自变量 x 对本地区房地产开发投资的空间溢出效应，总效应表示所有地区自变量 x 对本地区房地产开发投资的空间溢出效应。

以表 5-14 中人口密度 W_{perpop} 模型为例，结果显示核心变量交通基础设施及其二次项的直接效应和间接效应均在 10% 的水平上显著，说明交通基础设施不仅影响着本地房地产开发投资行为，也影响着外省份房地产开发投资行为，而且对房地产开发投资有着明显的非线性溢出效应，这与表 5-13 的结果一致。

表 5-14 显示的控制变量中，以人口密度 W_{perpop} 模型为例，经济水平对房地产开发投资的促进作用最大，表现出强烈的正溢出效应，其直接效应和间接效应均在 1% 的水平上显著为正，结果表示本地区经济每增加 1 个单位，会带动本地区房地产开发投资增加 0.950 个单位，外省份经济增长每增加 1 个单位会拉动本地区房地产开发投资增加 1.973 个单位，这是由于交通基础设施的网络外部效应将经济活动连成一体，地区与地区间的经济活动经由扩散效应相互影响，特别是某一地区经济增长会带动邻近地区经济增长，从而进一步影响房地产开发投资规模，例如，江苏、浙江、山东等东部相邻的经济发达省份也是房地产开发资本表现出高—高集聚特性的省份。产业结构直接效应在 1% 的水平下显著，间接效应在 10% 的水平下显著，表示本地区产业结构变动 1 个单位将导致本地区房地产开发投资增加 0.416 个单位，外省份产业结构变动 1 个单位将导致本地区房地产开发投资下降 0.558 个单位。城市规模直接效应在 10% 的水平上显著，表示本地区城市规模扩大 1 个单位会造成本地区房地产开发投资增加 0.247 个单位，间接效应在 5% 的水平上显著，表示外省份城市规模扩大 1 个单位会造成本地区房地产开发投资减少 1.454 个单位。收入水平的直接效应在 5% 的水平上显著，表示本地区收入水平每增加 1 个单位会导致本地区房地产开发投资减少 0.523 个单位，间接效应在 1% 的水平上显著，表明本地区收入水平增加 1 个单位会导致本地区房地产开发投资增加 1.903 个单位。财政支出直接和间接效应均在 1% 的水平上显著但系数相反，表明财政支出每增加 1% 会促进本地区房地产开发投资增加 0.865%，但外省份财政支出变动一个单位会减少本地区房地产开发投资 1.936 个单位。

表 5-14 SDM 随机模型效应分解

变量	0-1 W_{0-1}			人口密度 W_{perpop}		
	直接效应	间接效应	总效应	直接效应	间接效应	总效应
lntransport	0.735 *** (0.202)	-0.895 *** (0.309)	-0.160 ** (0.075)	-0.343 * (0.196)	-5.906 ** (2.473)	-6.249 ** (2.598)

续表

变量	0-1W_{0-1} 直接效应	间接效应	总效应	人口密度 W_{perpop} 直接效应	间接效应	总效应
$(lntransport)^2$	-0.099*** (0.027)	0.126*** (0.039)	0.027** (0.013)	0.025** (0.012)	0.781** (0.331)	0.806** (0.345)
lnpgdp	0.571*** (0.118)	0.699*** (0.246)	1.271*** (0.232)	0.950*** (0.139)	1.973*** (0.462)	2.923*** (0.438)
lnstructure	0.221 (0.143)	0.171 (0.308)	0.392 (0.334)	0.416*** (0.158)	-0.558* (0.333)	-0.142 (0.289)
lnarea	0.269*** (0.085)	0.581*** (0.167)	0.851*** (0.188)	0.247* (0.128)	-1.454** (0.578)	-1.207** (0.575)
lnincome	-0.515** (0.227)	-0.189 (0.332)	-0.703** (0.333)	-0.523** (0.255)	1.903*** (0.697)	1.380** (0.660)
lnexpenditure	0.938*** (0.120)	-0.588*** (0.185)	0.350** (0.175)	0.865*** (0.174)	-1.936*** (0.289)	-1.071*** (0.224)

注：括号中为 z 值；***、**、* 分别表示在1%、5%、10%水平下显著。

四、实证结论

本节运用2002~2016年省级面板数据构建多维空间权重下空间杜宾模型并引入交通基础设施二次项来控制其非线性影响，研究交通基础设施对我国房地产开发投资的溢出效应，实证结果表明：

（1）空间杜宾模型结果表明交通基础设施存在空间依赖性，它将区域经济活动连成一体，因此忽略空间维度的传统计量方法会造成估计结果偏差。

（2）多维空间权重模型估计指出交通基础设施对我国房地产开发投资产生了负空间溢出效应，且二者表现出明显的非线性关系。外省份交通基础设施每增加1%会使本地区房地产开发投资减少0.898%~12.266%，即外省份交通基础设施的建设会抑制本地区房地产开发投资的增长，这主要因为交通基础设施的网络效应使得空间具有可达性，运输成本的下降带动了生产要素在区域间的相互流动，要素在不同地区发生集聚和扩散行为，从而导致区域优势的重构和提升，房地产开发对区位的敏感性使得它随着交通基础设施的建设而发生变动。尤其是对于经济较为发达地区，因为日积月累的先发优势，包括拥有先进的科技力量、丰富的资本力量和良好的制度环境等，交通基础设施的改善会进一步加强和提升该地区的竞争优势，吸引更多房地产开发投资涌入，使得房地产开发投资通过完善的交通基础设施从欠发达地区向较发达地区集聚，因此，交通基础设施对欠发达地区房地产开发投资产生了负的空间溢出效应。这也与我国当前房地产开发投资主要集中在经济较为发达的东部地区，呈现出空间非常规集聚态势的情况一致。但随着房地产开发投资集聚规模的扩大，其内部结构也随之发生变动，当交通基础设施的不断改善为发达地区集聚带来更多吸引力的时候，也产生了扩散力。因此，我国房地产开发投资地理分布呈现出由东部地区往中东部地区扩张的趋势。

（3）基于地理位置0-1空间权重估计下外省份房地产开发投资规模扩大会促进本地区房地产开发投资增加，但基于人口密度空间权重估计结果却相反，这与我国人口单向流动情况相符，各类要素通过便捷的交通基础设施会优先进入发达地区，从而约束本地区发展。

（4）人口密度空间权重效应分解显示经济增长、产业结构、城市规模和政府支出能够拉动本地区房地产开发投资增长，而居民收入会抑制本地区房地产开发投资增长；经济增长、产业结构和居民收入对房地产开发投资产生了正空间溢出效应而城市规模和政府支出表现出负空间溢出效应。

第六章 交通基础设施对房地产开发投资城市内部区位结构变动的影响——以武汉市为例

在一般情况下，房地产开发投资同房地产价格呈正向变动关系。当一个地区房地产价格持续上涨时，房地产开发商为了获得高额的投资回报，通常会在房地产价格相对更高的地区进行投资布局。由于无法获得各个小区房地产开发投资额的微观数据，本章通过分析武汉市轨道交通六号线对沿线房地产价格变动的影响来考察交通基础设施对房地产开发投资城市内部区位结构变动的影响。

第一节 武汉市轨道交通6号线项目概况

轨道交通6号线是武汉市第二条横穿汉江的轨道交通，呈右半圆形走向，西北起自东西湖区新城十一路站，途经江岸区、江汉区、硚口区、汉阳区，西南止于蔡甸区东风公司站。截至2021年12月轨道交通6号线全长42.95千米，设有32座车站（见表6-1）。6号线是连接汉阳、汉口片区的轨道交通骨架线路，由北向南穿越了武汉市东西湖区、汉阳区、江岸区、江汉区、硚口区及武汉开发区六大行政区域，是跨区最多、路程最长、投资额最高的地铁线路，对武汉市交通格局有着重要影响。武汉市地铁6号线，从2014年起开始部分运营，到2021年12月底二期工程开通运营，对沿线区域房地产市场的影响已经较为充分地显现出来。因此，本书选择6号线为样本来研究交通基础设施对房地产开发投资微观区位结构变动的影响有着较好的代表性。

第六章 | 交通基础设施对房地产开发投资城市内部区位结构变动的影响——以武汉市为例

表 6-1　　　　　　　　　武汉市轨道交通六号线站点

序号	车站名称	换乘线路	站台形式	所在行政区
1	新城十一路站	—	地下二层岛式	东西湖区
2	码头潭公园站	武汉地铁 1 号线		
3	五环体育中心站	—		
4	二雅路站			
5	海口三路站	—		
6	金银湖公园站			
7	金银湖站		地下岛式	
8	园博园北站	武汉地铁 7 号线		
9	轻工大学站	—		
10	常青花园站	武汉地铁 2 号线		
11	杨汊湖站	—		江汉区
12	石桥站	武汉地铁 12 号线（在建）		
13	唐家墩站			
14	三眼桥站			
15	香港路站	武汉地铁 3 号线、武汉地铁 7 号线	地下侧式	江岸区
16	苗栗路站			
17	大智路站	武汉地铁 1 号线		
18	江汉路站	武汉地铁 2 号线		江汉区
19	六渡桥站		地下岛式	
20	汉正街站	—		硚口区
21	武胜路站			
22	琴台站			
23	钟家村站	武汉地铁 4 号线	地下叠落岛式	
24	马鹦路站			汉阳区
25	建港站	—		
26	前进村站			
27	国博中心北站			
28	国博中心南站	武汉地铁 12 号线（在建）、武汉地铁 16 号线	地下岛式	
29	老关村站	武汉地铁 16 号线		
30	江城大道站	—		蔡甸区
31	车城东路站			
32	东风公司站	武汉地铁 3 号线		

第二节 变量选取、数据来源与模型设定

一、变量选取

本书采用特征价格模型实证研究交通基础设施对房地产开发投资城市内部区位结构变动的影响。因此本节将住宅价格作为被解释变量，分析交通基础设施对房地产开发投资城市内部不同区域区位结构的影响程度，特征价格模型将影响房屋价格的因素归纳为建筑特征变量、区位特征变量和邻里特征变量。本书选取6个建筑特征变量，2个区位特征变量，3个邻里特征变量，共11个变量作为解释变量，表述如下：

（一）建筑特征变量

建筑特征因素指建筑物本身一些对价格产生影响的属性，不考虑建筑物所在区位环境，主要包括住宅面积、容积率、绿化率、建筑年龄等。根据国内外相关研究表明（苏亚艺等，2015；谷一桢等，2007；Theebe et al.，2004；等），住宅面积、建筑年龄、容积率、绿化率、建筑年龄及房屋所在楼层是建筑特征因素较好的代理变量，因此本书选取这6个解释变量来衡量这一因素影响。

（二）区位特征变量

区位因素会决定房地产市场主体经济行为，是直接影响房地产价格的重要因素，区位因素是由于房地产不可移动属性所造成的可及性差异，其中主要包括到中心区域及工作地点的可及性。本书选取小区中心距离地铁站的直线距离和小区中心距离武汉中央商务区（以下简称"武汉CBD"）直线距离这两个区位特征因素变量，其中为了研究交通基础设施对房屋价格的影响范围，设置了3个虚拟变量，分别代表小区中心距离最近地铁站点500米、1 000米和1 500米。

（三）邻里特征变量

邻里因素指建筑物周边各种环境因素对房地产价格的影响，主要包括

小区的生活配套水平。因为大多数邻里特征因素很难直接测度，因此本书选取比较容易度量的环境质量、学校质量和生活配套设施个数这3个解释变量。具体解释变量描述如表6-2所示。

表6-2 解释变量说明及来源

特征类型	变量	变量说明	资料来源
建筑特征	建筑年龄（yearjz）	2018减去房屋的建成年份	房地产交易网站
	容积率（rjl）	小区容积率大小	
	住宅面积（area）	房屋建筑面积	
	房屋所在楼层（floor）	房屋所在楼层数	
	物业费（wyf）	小区物业费（元/月/平方米）	
	绿化率（lhl）	小区绿化率大小	
区位特征	距地铁站距离（distance）	小区中心距离最近地铁站的直线距离（千米）	百度地图测距
	距地铁站500米（dist500）	小区中心距离最近地铁站500米（500米范围内为1，不是为0）	
	距地铁站1 000米（dist1 000）	小区中心距离最近地铁站1 000米（1 000米范围内为1，不是为0）	
	距地铁站1500米（dist 1 500）	小区中心距离最近地铁站1 500米（1 500米范围内为1，不是为0）	
	距武汉CBD距离（distancecbd）	小区中心距离武汉CBD的直线距离（千米）	
邻里特征	环境质量（jg）	附近1千米范围内是否有大型公园、湖景等景观（1为有，0为无）	房地产交易网站
	学校质量（school）	附近1千米范围内幼儿园、小学、中学个数	
	生活配套设施（shpt）	附近1千米范围内银行、医院、超市等生活配套设施个数	

二、数据来源与描述

由于地铁站沿线区域新开发楼盘数量较少、分布不均匀且二手房市场相对于新建楼盘市场化程度更高等原因,本节实证主要搜集地铁站沿线区域二手楼盘的数据。大部分学者在研究轨道交通对周边房地产价值影响时认为轨道交通的有效影响范围为1~1.5千米(刘康等,2015;张维阳等,2012;Yiu C. Y. et al.,2007;等),因此本书以武汉市轨道交通6号线站点为原点,向两侧各扩展1.5千米范围内的小区房屋价格作为研究对象,选取两家主流房地产交易网站:安居客与搜房网提供的二手房交易平台搜集数据及相关资料整理。这两家网站提供的房屋价格数据已被广泛运用于房地产相关研究中,且基本涵盖了武汉市全部二手房交易信息,并且提供了小区位置、销售价格、建筑面积等详细信息(刘康等,2015;苏亚艺等,2015;等)。另外为了考察数据的真实可靠性,笔者对部分小区进行了实地调查,结果表明实地考察数据同房地产交易网站提供的数据基本相符,与此同时为了排除时间因素的干扰,本次搜集的数据资料均以2018年2月为研究时点。

由于本书主要分析交通基础设施对房地产开发投资在城市内部不同区域的影响程度,因此本书采用分市场范围划分来分析分市场效应的存在,根据武汉市行政区域划分原则将其分为两个市场:一个是中心城区(主城区)市场,包括4个中心城区(主城区),即江汉区、江岸区、硚口区和汉阳区;另一个是远城区市场,即东西湖区和武汉开发区。随机搜集了589个二手房屋交易数据,变量的描述性统计如表6-3所示。

表6-3　　　　　　　　　　变量的描述性统计

样本	变量	观察值	均值	标准差	最小值	最大值
总体样本	price	589.00	18 847.35	4 493.83	6 667.00	35 831.00
	distance	589.00	0.60	0.27	0.03	1.47
	distancecbd	589.00	5.14	2.33	2.30	14.90
	yearjz	589.00	15.72	7.19	0.00	38.00
	rjl	584.00	3.24	2.32	0.44	28.00
	area	589.00	96.93	47.83	35.63	655.00
	floor	589.00	8.85	8.38	1.00	57.00
	lhl	584.00	31.95	7.40	3.69	96.00
	wyf	568.00	1.11	0.79	0.00	4.50
	jg	589.00	0.46	0.50	0.00	1.00
	school	589.00	15.05	6.04	0.00	33.00
	shpt	589.00	13.14	4.34	0.00	27.00

续表

样本	变量	观察值	均值	标准差	最小值	最大值
主城区市场	price	505.00	19 269.10	4 460.27	8 049.00	35 831.00
	distance	505.00	0.58	0.27	0.03	1.17
	distancecbd	505.00	4.80	1.67	2.30	12.00
	yearjz	505.00	16.32	7.20	0.00	38.00
	rjl	500.00	3.41	2.43	0.57	28.00
	area	505.00	91.72	33.78	35.63	452.00
	floor	505.00	9.11	8.23	1.00	57.00
	lhl	500.00	31.31	7.33	3.69	96.00
	wyf	484.00	1.11	0.78	0.00	4.50
	jg	505.00	0.44	0.50	0.00	1.00
	school	505.00	16.07	5.64	0.00	33.00
	shpt	505.00	16.07	5.64	0.00	33.00
远城区市场	price	84.00	16 311.80	3 830.66	6 667.00	28 814.00
	distance	84.00	0.66	0.29	0.05	1.47
	distancecbd	84.00	7.19	4.07	3.60	14.90
	yearjz	84.00	12.11	6.02	0.00	27.00
	rjl	84.00	2.18	0.90	0.44	4.80
	area	84.00	128.23	90.10	45.00	655.00
	floor	84.00	7.30	9.14	1.00	44.00
	lhl	84.00	35.76	6.70	15.00	65.00
	wyf	84.00	1.11	0.85	0.00	3.90
	jg	84.00	0.62	0.49	0.00	1.00
	school	84.00	8.98	4.61	0.00	20.00
	shpt	84.00	11.37	5.04	0.00	20.00

资料来源：安居客与搜房网。

三、模型设定

特征价格模型是当前运用极为广泛的一种方法。该模型通过剥离影响房屋价格的各种因素，进而控制各种因素的影响，从而分离出某一个因素对房屋价格的影响。中心思想是，居民购买房屋所获得效用主要取决于各种特征因素的影响，住宅价格是所有特征因素的函数。模型函数如下：

$$P = f(x_1, x_2, \ldots, x_n) \quad (6-1)$$

式（6-1）中 P 代表二手房屋销售价格；$x_1, x_2, \ldots, x_n$ 表示影响房屋价格的各个特征变量；$f(.)$ 表示待定的函数形式。

显然房屋价格除了会受到各种特征因素影响外，还会受到其他因素的影响，如消费者间的差异等。在此本书假设其他因素的影响是随机并独立于所有特征因素的影响，因此不考虑其他因素的影响并不会造成模型参数估计产生有偏。本书构建的房屋价格特征模型如下：

$$P = f(distance, Z_i, Q_i, L_i) \quad (6-2)$$

式（6-2）中 P 代表二手房屋销售价格；distance 代表小区中心距离地铁站的直线距离；Z_i 表示建筑特征变量（yearjz, rjl, area, floor, wyf, lhl）；Q_i 表示区位特征变量（distancecbd）；L_i 表示邻里特征变量（jg, school, shpt）。

瑟曼斯等（Sirmans et al., 2005）指出特征价格模型本质上是一个均值回归模型。李永友（2014）表示特征价格模型不考虑消费者间差异等因素对房屋价格的影响，从而造成同一特征因素对房屋价格的影响变得十分模糊。因此本书采取分市场模型来检验在不同市场中交通基础设施对房屋价格的影响，进而影响房地产开发投资。根据国内外学者实证研究表明，采用半对数函数形式的特征价格模型相较于其他函数形式有着明显的优越性（李玲等，2012；王文军等，2012；等）。因此依据理论分析，构建计量模型如下：

$$\ln P = \beta_0 + \beta_1 distance + \beta_2 distance^2 + \beta_3 \ln distancecbd + \sum \delta_i T_i + \varepsilon \quad (6-3)$$

式（6-3）中 P 代表二手房屋销售价格；distance 代表小区中心距离地铁站的直线距离；考虑到轨道交通对沿线房地产价值的影响呈倒"U"形结构，因此在方程中加入小区中心到最近地铁站距离的平方项；T_i 表示影响房屋价格的所有特征因素（yearjz, rjl, area, floor, wyf, lhl, jg, school, shpt）。

由于特征价格模型常常采用线性方程函数形式，所以其参数估计方法基本上都是运用最小二乘法进行多元回归，因此本书使用稳健标准差 OLS 回归作为本节研究的基本方法。

第三节 估计结果及分析

一、与地铁站点不同距离范围及影响程度

根据特征价格模型,运用3个距离轨道交通站点不同直线距离的虚拟变量考察不同距离范围对住宅价格的影响程度,估计结果如表6-4所示。从小区中心与最近地铁站点不同距离的虚拟变量估计系数而言,不同距离范围内交通基础设施对住宅价格的影响程度不同,且所有估计系数都在5%的水平上显著,表明交通基础设施对住宅价格有明显影响作用,然而影响程度随着距离地铁站点范围的增加而明显下降,在小区距离最近地铁站点500米范围内时交通基础设施对住宅价格的增值效应最大,约束系数为0.067,表明随着距轨道交通距离每增加1个单位,住宅价格会增加0.067个单位。当小区距最近地铁站点直线距离在500~1000米范围内时,交通基础设施对住宅价格的增值效应略小于距地铁站点500米范围内距离,其估计系数为0.063,表示随着与轨道交通距离每增加1个单位,住宅价格会增加0.063个单位。当小区与最近地铁站点直线距离在1000~1500米范围内时,交通基础设施对住宅价格产生了负向作用,约束系数为-0.091,表示随着与轨道交通距离每增加1个单位,住宅价格会减少0.091个单位。$distance^2$系数均在10%的水平上显著,这意味着交通基础设施对沿线住宅价格的影响随着与最近地铁站点距离的增加先增加后下降,呈现出明显的倒"U"形关系。

表6-4 不同距离范围模型的实证结果

变量	被解释变量 lnP		
	(1) 据地铁站500米	(2) 据地铁站1 000米	(3) 据地铁站1 500米
dist500	0.067** (0.031)	—	—
dist1 000	—	0.063** (0.028)	—

续表

变量	被解释变量 lnP		
	(1) 据地铁站 500 米	(2) 据地铁站 1 000 米	(3) 据地铁站 1 500 米
dist1 500	—	—	-0.091** (0.044)
distance²	-0.058** (0.029)	-0.073** (0.032)	0.010* (0.006)
yearjz	-0.004** (0.002)	-0.004** (0.002)	-0.004** (0.002)
rjl	0.009** (0.003)	0.009** (0.003)	0.009** (0.003)
area	0.001*** (0.000)	0.001*** (0.000)	0.001*** (0.000)
floor	0.001 (0.001)	0.001 (0.001)	0.001 (0.001)
lhl	0.002 (0.001)	0.001 (0.001)	0.001 (0.001)
wyf	0.083*** (0.020)	0.083*** (0.020)	0.083*** (0.020)
jg	0.076*** (0.016)	0.077*** (0.020)	0.078*** (0.016)
school	0.010*** (0.002)	0.011*** (0.002)	0.011*** (0.002)
shpt	0.006*** (0.002)	0.006*** (0.002)	0.006*** (0.002)
C	9.368*** (0.067)	9.344*** (0.066)	9.341*** (0.066)
R²	0.326	0.333	0.332
F	23.040	23.76	23.440

注：括号中报告的是稳健标准误；***、**、*分别表示在1%、5%、10%水平下显著。

建筑年龄（yearjz）、容积率（rjl）、住宅面积（area）、物业费（wyf）、环境质量（jg）、学校质量（school）和生活配套设施（shpt）变量的约束系数在3个模型中均十分显著。只有房屋所在楼层（floor）与绿化率（lhl）的约束系数不显著。以表6-4中（1）为例，在小区与最近地铁站点500

米距离范围内，建筑年龄（yearjz）对住宅价格产生了明显的负向作用，建筑年龄每增加 1 个单位，住宅价格会下降 0.004 个单位；容积率（rjl）对住宅价格产生了明显的同向作用，容积率每增加 1%，住宅价格会增加 0.009%；住宅面积（area）每增加 1 平方米，住宅价格会上涨 0.001 个单位；物业费（wyf）每增加 1 个单位，住宅价格会上涨 0.083 个单位；环境质量（jg）提高 1 个单位，住宅价格会上升 0.076 个单位；学校质量（school）每增加 1%，住宅价格会同向变动 0.01%；生活配套设施（shpt）也对住宅价格产生了明显的正向作用，生活配套设施每变动 1 个单位，住宅价格会提高 0.006 个单位。这些变量的约束系数在 3 个模型中变化不大同时显著性也互相接近，说明这些特征变量对住宅价格的影响是十分稳定的。

二、分市场及影响程度

为了考察交通基础设施对房地产开发投资在城市内部不同区域的影响程度与约束效应，本书在基准模型的基础上，分别运用总体样本和不同市场样本（主城区市场与郊区市场）数据进行实证分析，结果如表 6-5 所示。模型（1）表示利用总体样本进行回归分析但不包含与武汉 CBD 距离这个区位特征变量；模型（2）表示利用总体样本进行包含全部解释变量的回归分析；模型（3）表示利用主城区市场样本进行回归分析但不包含与武汉 CBD 距离这个区位特征变量；模型（4）表示利用主城区市场样本进行包含全部解释变量的回归分析；模型（5）表示利用郊区市场样本进行回归分析但不包含与武汉 CBD 距离这个区位特征变量；模型（6）表示利用郊区市场样本进行包含全部解释变量的回归分析。这样做的目的一是检验交通基础设施对房地产价格存在分市场效应；二是检验结果的稳健性，从估计结果来看，各模型得出的结论基本一致。

表 6-5　　　　　　　　　　分市场模型的实证结果

变量	被解释变量 lnP					
	总体（589）		主城区市场（505）		郊区市场（84）	
	(1)	(2)	(3)	(4)	(5)	(6)
distance	0.268** (0.106)	0.228** (0.103)	0.115** (0.054)	0.110** (0.051)	0.126** (0.057)	0.139** (0.053)

续表

变量	被解释变量 lnP					
	总体（589）		主城区市场（505）		郊区市场（84）	
	（1）	（2）	（3）	（4）	（5）	（6）
distance²	-0.242*** (0.089)	-0.237*** (0.084)	-0.070*** (0.026)	-0.086*** (0.030)	-0.160** (0.074)	-0.243** (0.119)
lndistancecbd	—	-0.197*** (0.030)	—	-0.100*** (0.030)	—	-0.195*** (0.064)
yearjz	-0.004** (0.002)	-0.005*** (0.002)	-0.005*** (0.002)	-0.006*** (0.002)	-0.006 (0.006)	-0.007 (0.006)
rjl	0.009*** (0.003)	0.007** (0.003)	0.006** (0.003)	0.006* (0.003)	-0.129*** (0.029)	-0.122*** (0.028)
area	0.001*** (0.000)	0.001*** (0.000)	0.001*** (0.000)	0.001*** (0.000)	0.001*** (0.000)	0.001*** (0.000)
floor	0.001 (0.001)	0.001 (0.001)	0.001 (0.001)	0.001 (0.001)	0.005* (0.003)	0.005** (0.002)
lhl	0.001 (0.001)	0.002** (0.001)	0.001 (0.001)	0.002* (0.001)	0.006 (0.004)	0.006 (0.004)
wyf	0.084*** (0.020)	0.080*** (0.019)	0.086*** (0.018)	0.084*** (0.018)	0.082 (0.063)	0.084 (0.063)
jg	0.076*** (0.015)	0.040** (0.016)	0.070*** (0.016)	0.058*** (0.017)	0.174*** (0.054)	0.044*** (0.017)
school	0.011*** (0.002)	0.007*** (0.002)	0.007*** (0.002)	0.006*** (0.002)	0.013** (0.006)	0.007** (0.003)
shpt	0.006*** (0.002)	0.009*** (0.002)	0.007*** (0.002)	0.008*** (0.002)	0.001*** (0.000)	0.005** (0.002)
C	9.273*** (0.073)	9.645*** (0.091)	9.371*** (0.078)	9.548*** (0.100)	9.386*** (0.188)	9.805*** (0.229)
R²	0.330	0.399	0.384	0.3990	0.552	0.607
F	24.080	25.510	20.170	20.19	13.51	15.300

注：括号中报告的是稳健标准误；***、**、*分别表示在1%、5%、10%水平下显著。

第六章 | 交通基础设施对房地产开发投资城市内部区位结构变动的影响——以武汉市为例

回归结果显示，distance² 系数均在 5% 的水平上显著为负，distance 的估计系数都在 5% 的水平上显著为正，说明交通基础设施对沿线住宅价格的影响程度和距离最近地铁站点的距离呈现出明显的非线性关系，并表现为显著的倒"U"形关系，这与刘康等（2015）、苏亚艺等（2015）的实证研究结果相一致。表示随着小区中心距离最近地铁站的直线距离的增加，交通基础设施对沿线住宅价格的影响趋势是先增加而后达到最大影响程度后便开始逐渐减弱，且刘康等（2015）和张维阳等（2012）还发现各轨道交通站点对住宅价格约束程度不同，影响范围从 500～1 000 米距离不等，衰减比重为 20%～35%，其中轨道交通站点对住宅价格约束程度最大的直线距离约为 320 米。

与武汉 CBD 距离（lndistancecbd）变量的估计系数在所有模型中都在 1% 的水平上显著，且均对住宅价格产生了明显的负向作用。在模型（2）总体样本中，与武汉 CBD 距离每增加 1 个单位，住宅价格会反向变动 0.197 个单位。在模型（4）主城区市场样本中，与武汉 CBD 距离每增加 1 个单位，住宅价格会反向变动 0.100 个单位。在模型（6）郊区市场样本中，与武汉 CBD 距离每增加 1 个单位，住宅价格会反向变动 0.195 个单位。这表明随着与武汉 CBD 距离的增加，郊区市场住宅价格下降的速度明显快于主城区市场住宅价格下降的速度，这意味着郊区市场远离武汉 CBD 市中心，区位因素会直接影响房地产价格从而进一步影响房地产开发投资行为。

分市场模型结果表明，交通基础设施对住宅价格影响程度具有明显的分市场效应。首先比较不包括与武汉 CBD 距离这个区位特征变量的不同市场样本回归分析，模型（3）中随着小区中心与最近地铁站点的距离每变动 1 个单位，主城区住宅价格会同向变动 0.115 个单位；模型（5）中，随着小区中心与最近地铁站点的距离每变动 1 个单位，郊区市场住宅价格会同向变动 0.126 个单位。这表明交通基础设施对郊区市场住宅价格的影响程度明显大于主城区市场。再比较包含全部解释变量的不同市场样本回归分析，模型（4）中 distance 的估计系数为 0.11，小于模型（6）中 distance 的估计系数 0.139，这再次证明交通基础设施对郊区住宅价格的影响要高于城区。这意味着城市内不同区域交通基础设施的发展水平差异对我国房地产价格的影响程度存在差异，根据估计系数来看，交通基础设施对经济相对发达的中心区域（主城区市场）的影响程度反而更小，而经济相对落后的远城区（郊区市场）的影响程度更大。这也与上一节交通基础设施对房地产开发投资宏观区位结构变动影响的结论一致。

房地产价格在一定程度上可以较好地反映房地产市场中的供求关系，并能够在某种程度上对房地产市场中的供给与需求产生反馈作用。房地产开发投资是反映房地产市场中供给端的重要变量，同房地产价格表现出显著的正相关关系。这表示，当一个区域房地产价格持续上涨时，则该区域房地产市场也更加活跃，房地产开发商为了获得高额的投资回报，必然会在房地产价格相对更高的地区进行投资布局，那么在既定城市范围内投资强度会加剧。而房地产功能价值的体现需要依附"周边产品"的功能，"周边产品"直接造成外部环境差异，如交通、娱乐、能源等。因此当交通基础设施建设不全时，房地产"周边产品"的功能会大打折扣从而无法使房地产价值提升，房地产开发投资也会受到限制，但是随着交通基础设施建设水平的改善，"区位优势"又会导致房地产价值增加。从而对房地产开发投资带来强烈的刺激作用，该区域房地产投资强度也会不断提升。至此，交通基础设施对房地产价值的影响会进一步约束房地产开发投资与供给。

由于交通基础设施对郊区市场住宅价格的影响程度远大于主城区市场，因此对经济相对欠发达、交通基础设施存量相对不足的郊区市场来说，交通基础设施的不断改善会形成"区位再造优势"，强化和提高该区域房地产的附加功能价值，进而带动房地产价格的快速上涨。区位的"重构"与"再造"和房地产价格的上涨会吸引更多的房地产开发资本涌入，从而对房地产开发投资带来强烈的刺激作用，该区域房地产投资强度也会不断提升。由上述结果可以看出，房地产开发投资受到的约束作用根据城市内部不同区域交通基础设施建设发展水平程度的不同而不同，交通基础设施建设好的地区其受到的约束作用小（如主城区市场），但是交通基础设施发展相对滞后的地区（如郊区市场）却对房地产开发投资的约束作用较大，这再次证明了交通基础设施在城市内部不同区域发展的差异会显著影响房地产开发投资的区位结构。

三、实证结论

本节以武汉市轨道交通 6 号线站点周边二手住宅市场为例，实证检验了交通基础设施对沿线住宅价格的影响，分析了小区中心与最近轨道交通站点不同距离范围和分市场对住宅价格的影响程度，实证结果表明：

（1）交通基础设施对周边住宅价格产生了显著的影响，但影响程度随着小区与最近地铁站点距离的增加而下降。在小区距离最近地铁站点 500 米范围内时交通基础设施对住宅价格的增值效应最大，约束系数为 0.067，表明与轨道交通距离每增加 1 个单位，住宅价格随之会增加 0.067 个单位。当小区与最近地铁站点直线距离在 500~1 000 米范围内时，交通基础设施对住宅价格的增值效应略小于与地铁站点 500 米范围内距离，其估计系数为 0.063，表示随着与轨道交通距离每增加 1 个单位，住宅价格会增加 0.063 个单位。当小区与最近地铁站点直线距离在 1 000~1 500 米范围内时，交通基础设施对住宅价格产生了负向作用，约束系数为 -0.091，表示随着与轨道交通距离每增加 1 个单位，住宅价格会减少 0.091 个单位。$distance^2$ 系数均在 10% 的水平上显著，这意味着交通基础设施对沿线住宅价格的影响随着与最近地铁站点距离的增加先增加后下降，呈现出明显的倒"U"形关系。

（2）交通基础设施对周边住宅价格的影响程度存在分市场效应，估计结果表明交通基础设施对郊区市场住宅价格的影响程度明显大于主城区市场。这可能因为中心主城区市场本身经济相对更加发达，城市交通基础设施建设也更加完善，存量相对更大，房地产开发投资在该区域的初始配置相对更加均衡，房地产业发展也更快，后期交通基础设施改善空间相对更小，交通基础设施建设整体性水平难以得到大幅提升。因此住宅价格受交通基础设施影响程度不大，而交通基础设施相对薄弱、经济欠发达的郊区市场，随着交通基础设施建设水平的改善，"区位优势"会导致房地产价值增加，因此郊区市场约束系数明显高于主城区市场。区位的"重构"与"再造"和房地产价格的上涨会吸引更多的房地产开发资本涌入，从而对房地产开发投资带来强烈的刺激作用，该区域房地产投资强度也会不断提升。由上述结果可以看出，房地产开发投资受到的约束作用根据城市内部不同区域交通基础设施建设发展水平程度的不同而不同，交通基础设施建设好的地区其受到的约束作用小（如主城区市场），但是交通基础设施发展相对滞后的地区（如郊区市场）却对房地产开发投资的约束作用较大，这再次证明了交通基础设施在城市内部不同区域发展的差异会显著影响房地产开发投资的区位结构。

第七章 研究结论、建议及展望

第一节 主 要 结 论

本书围绕"交通基础设施对房地产开发投资变动"这一主题,通过理论与实证分析,重点研究了交通基础设施对房地产开发投资总量变动、房地产开发投资区际区位结构变动和房地产开发投资城市内部区位结构变动的影响。本书的主要研究结论如下:

1. 交通基础设施对房地产开发投资的影响是显著存在的,并且有着明显的时间效应

交通基础设施对房地产开发投资的影响主要表现为:长期内交通基础设施对房地产开发投资总量的影响十分明显,但是交通基础设施短暂性变动对房地产开发投资总量的影响并不显著。

交通基础设施拥有外部性、通达性及网络性等特殊性质,完善交通基础设施可以提高其通达性和网络联结,使得生产地和消费地间的经济及时间距离相较于其地理距离而言大大缩短,带来运输成本及土地租金的改变,从而影响房地产价值,并进一步影响房地产市场供求关系,带动房地产开发投资量的变化。本书基于 2002~2016 年省级面板数据构建 Panel-var 模型,运用协整检验、脉冲响应函数及 Panel-granger 因果检验,分析交通基础设施对我国房地产开发投资总量变动的影响,发现房地产开发投资对来自交通基础设施滞后期变化的反应很灵敏,房地产开发投资对于来自交通基础设施的冲击在初期产生了负向响应随后便持续为正向响应,并最终趋于收敛。这表明交通基础设施对房地产开发投资总量变动的影响十分显著。

接着,本书利用 2002~2016 年省级面板数据构建面板误差修正模型进

一步分析交通基础设施对房地产开发投资影响的时间效应,研究结果表明,长期来看,交通基础设施对房地产开发投资与房地产价值的影响是十分明显的,但交通基础设施暂时性变动对房地产开发投资和房地产价值的影响并不显著。

2. 交通基础设施对房地产开发投资区际区位结构影响显著

不同省份间、不同城市间的房地产开发投资区位结构的改变在一定程度上主要依赖于后期交通基础设施建设水平的整体改善程度而非交通基础设施现状。即依赖于交通基础设施整体水平改善的边际效应,边际效应越大,影响程度越大;边际效应越小,影响程度也越小。

本节运用我国2002~2016年省级面板数据,按照官方划分方法将我国31个省份首先划分为东部、中部和西部三大地区,构建动态差分GMM面板模型实证分析了交通基础设施对房地产开发投资区际区位结构的影响,然后再细分为华东、中南、华北、西南、东北与西北六个地区,构建固定效应面板模型进行稳健性检验。实证结果表明地区间交通基础设施的发展水平差异对我国房地产开发投资区位结构存在显著影响,根据估计系数来看,经济相对发达、交通基础设施建设相对完善的地区如东部地区对房地产开发投资区位结构的影响程度反而更小,其约束系数为1.832,而经济相对落后、交通基础设施建设不完善的地区如西部和中部区域对房地产开发投资区位结构的影响程度反而更大,其约束系数分别为3.464和2.315。这说明不同地区以及交通基础设施建设水平在我国当前房地产开发投资区域差异中扮演了重要角色。总体而言,房地产开发投资区位结构的形成很大程度上会依赖于交通基础设施建设水平的整体改善程度,假如一个地区交通基础设施整体水平得到很大程度的改善,那么其对房地产开发投资区位结构的影响更加明显,交通基础设施对房地产开发投资的约束效应也就更加显现,如东北与西北地区正是如此,即既定城市交通基础设施建设水平并不完善,但通过不断地改善使得交通基础设施整体水平得到大幅度的提升,从而能够吸引房地产开发投资大规模的进入,表现在约束系数上也就相对更大,反之则相反。

3. 交通基础设施对我国房地产开发投资产生了负空间溢出效应,且二者表现出明显的非线性关系

外省份交通基础设施每增加1%会使本地区房地产开发投资减少0.898%~12.266%,即外省份交通基础设施的建设会抑制本地区房地产开发投资的增长,基于地理位置0-1空间权重估计下外省份房地产开发投资

规模扩大会促进本地区房地产开发投资增加，但基于人口密度空间权重估计结果却相反，这与我国人口单向流动的现实情况相符，各类要素通过便捷的交通基础设施会优先进入发达地区，从而约束本地区发展。

考虑房地产开发投资的"空间效应"，研究本地区交通基础设施对其他地区房地产开发投资的影响，以及本地区房地产开发投资对其他地区房地产开发投资可能产生的"挤占效应"。本书运用2002~2016年省级面板数据构建多维空间权重模型，实证结果表明交通基础设施对我国房地产开发投资产生了负空间溢出效应，且二者表现出明显的非线性关系。这也与我国当前房地产开发投资主要集中在经济较为发达的东部地区，呈现出空间非常规集聚态势的情况相符。但随着房地产开发投资集聚规模的扩大，其内部结构也随之发生变动，交通基础设施的不断改善为发达地区集聚带来更多吸引力的时候，也产生了扩散力。因此，我国房地产开发投资地理分布位置呈现出由东部地区往中部、东部地区扩张的趋势。基于地理邻近原则的0-1空间权重W_{0-1}空间杜宾随机效应模型中房地产开发投资空间滞后系数ρ在1%的水平上显著为正，但基于人口密度空间权重W_{perpop}的空间杜宾固定效应模型中该系数在5%的水平上显著为负，说明在考虑人口流动因素下，房地产开发投资表现出空间负溢出效应。人口密度空间权重效应分解显示经济增长、产业结构、城市规模和政府支出能够拉动本地区房地产开发投资增长，而居民收入会抑制本地区房地产开发投资增长；经济增长、产业结构和居民收入对房地产开发投资产生了正空间溢出效应，而城市规模和政府支出表现为负空间溢出效应。

4. 我国房地产开发投资总体规模扩张和区域结构失衡逐渐演变成一种非常规的空间集聚现象

房地产开发资本非常规空间集聚已成为诱导房地产结构性过剩的重要因素。本书运用1998~2017年省级面板数据构建空间计量模型，全局莫兰指数显示我国房地产开发投资存在显著空间自相关，表现出明显的集聚趋势，局部莫兰指数指出2000~2016年间微观层面我国房地产开发投资资本集聚结构演变呈现扩张趋势，其中属于高—高集聚特性的省份由东部地区扩展到中部、东部地区，低—低集聚特性的省份大部分集中在西部地区。我国房地产开发投资表现出的供给结构问题与其存在显著空间集聚现实特征有着极大关系，这也是导致我国房地产出现库存过量现状的原因，高库存需要很长的一段周期才能逐步被消化，这意味着房地产开发商资金回流周期拉长，甚至可能出现资金断裂从而加大金融隐患。

5. 交通基础设施对房地产开发投资城市内部区位结构变动影响显著

交通基础设施对房地产价格梯度呈现出先增加后下降的倒"U"形结构。主城区与郊区市场间房价梯度的演化取决于两个市场对交通基础设施响应程度的差异。

本书以武汉市轨道交通 6 号线站点周边二手住宅市场为例，实证检验了交通基础设施对沿线住宅价格的影响，实证结果表明：交通基础设施对周边住宅价格产生了显著的影响，但影响程度随着小区与最近地铁站点距离范围的增加而下降。在小区距离最近地铁站点 500 米范围内时交通基础设施对住宅价格的增值效应最大，约束系数为 0.067，表明随着与轨道交通距离每增加 1 个单位，住宅价格会增加 0.067 个单位。当小区与最近地铁站点直线距离在 500~1 000 米范围内时，交通基础设施对住宅价格的增值效应略小于距地铁站点 500 米范围内距离，其估计系数为 0.063，表示随着与轨道交通距离每增加 1 个单位，住宅价格会增加 0.063 个单位。当小区与最近地铁站点直线距离在 1 000~1 500 米范围内时，交通基础设施对住宅价格产生了负向作用，约束系数为 -0.091，表示随着与轨道交通距离每增加 1 个单位，住宅价格会减少 0.091 个单位。$distance^2$ 系数均在 10% 的水平上显著，这意味着交通基础设施对沿线住宅价格的影响随着与最近地铁站点距离的增加先增加后下降，呈现出明显的倒"U"形关系。

分市场模型结果表明，城市轨道交通对住宅价格影响程度具有明显的分市场效应。比较不包括与武汉 CBD 距离这个区位特征变量的不同市场样本回归模型，结果显示随着小区中心同最近地铁站点的距离每变动 1 个单位，主城区和郊区住宅价格会同向变动 0.115 个和 0.126 个单位。表明交通基础设施对郊区市场的住宅价格影响程度明显大于主城区市场。再比较包含全部解释变量的不同市场样本回归模型，结果显示变量 distance 的估计系数分别为 0.11 和 0.139，再次证明城市轨道交通对郊区住宅价格的影响要高于中心区域。这意味着城市内不同区域交通基础设施的发展水平差异对我国房地产价格的影响程度存在差异，根据估计系数来看，城市轨道交通对经济相对发达的中心区域（主城区市场）的影响程度反而更小，而经济相对落后的远城区（郊区市场）的影响程度更大。

第二节 政 策 建 议

本书分析了交通基础设施对房地产开发投资变动影响的作用机理，实证检验了交通基础设施对房地产开发投资总量、区际区位结构和城市内部区位结构的影响。其根本目的在于将研究结论用于指导我国房地产开发投资实践，实现其优化配置与健康发展。本书认为当前房地产供给侧结构性改革应充分发挥交通基础设施在城市资源配置中的导向作用。因此，本书提出有关房地产供给侧结构性改革的政策建议如下。

1. 重视交通基础设施对房地产开发资源配置的导向作用

交通基础设施通过时间与空间分布不同决定着城市空间格局、功能结构及自我调节体系，这些也正是房地产开发投资所依附的重要因素，在某种程度上会约束房地产开发资本的规模、结构、风险等。换句话说，交通基础设施对房地产开发投资有着先天的导向作用。因此，优化房地产投资配置，提升房地产开发投资效益，关键在于在做出房地产开发投资安排时，要着重考虑房地产开发投资与交通基础设施间联动效应。市场经济体制下房地产开发投资主体大多数为房地产开发企业，他们的投资行为代表着市场行为，房地产开发企业在进行投资安排前需要关注政府政策导向与市场状况，这将会影响企业的投资风险及投资回报。因此，虽然房地产开发投资属于一种市场行为，但是当前政府仍然可以运用产业政策导向与城市规划安排来约束房地产开发商的市场行为，引导开发商在进行投资决策前，优化房地产开发配置，实现房地产开发投资与交通基础设施的联动。

从政府角度来看，交通基础设施是社会经济发展的前提条件，同时也是政府最佳干预领域。因此，在既定的发展规划蓝图内，应加大交通基础设施建设力度，对城市经济的增长与集聚、地区贸易与商业的发展、城市竞争力的提升、社会福利的提高、产业结构的升级等方面均具有重要的促进作用。与此同时，强化交通基础设施建设的优化配置，依靠其经济功能与社会功能的共同发挥来引导房地产开发投资行为，驱使房地产开发资本流向更为理性，配置更加合理，从而实现房地产市场的良性发展。

2. 制定基于交通基础设施发展现实禀赋差异的调控政策

结合我国房地产开发投资实际情况，目前其投资行为在不同地区或者某地区内部不同区域的选择有着明显的倾向性，而这种投资偏好主要来自区域间交通基础设施配置差异带来的城市空间布局与发展差别，进而推动房地产开发投资在时间和空间上持续进行"最优选择"。交通基础设施区域发展差异导致对房地产投资约束效用不同，因此政府在制定相关政策时应重视其区域差异性，需因地制宜，不同城市"分而治之"，实现精准调控。

目前我国房地产市场出现的"高房价"和"高库存"并存的问题，根本原因还是在于区域配置不均衡，这体现在我国房地产开发投资在全国分布极其不平衡，东部与中西部地区呈现出房地产市场分化，部分房价快速上涨的东部地区房地产库存火速下降，但中西部地区，特别是三四线及县城地区房地产库存消化慢，且还在不断累积。因此，可以将我国省会城市及直辖市大致分为三类：第一类是一线和热门二线城市，其经济基础好，市场相对完善，交通基础设施发展良好，市场机制可以发挥较好的作用。所以，对于此类城市的房地产调控政策应稳健，可以适当从紧，实现城市质的提升，促进交通一体化建设；第二类是部分中等发达二线城市，其经济基础较好，经济增长相对较快，房地产价格大多数处于高估状态，泡沫化比较严重，存量库存压力较大，[①] 对于此类城市房地产调控应当从紧，重点进行结构调整；第三类是其他二线城市及三四线城市，其经济基础较弱，交通基础设施及公共配套设施投入规模仍然不足，这类大部分城市房地产价格被低估，但这并不表示房地产价格上涨空间大，而是意味着其缺乏支撑的基础，所以，对于此类城市应抓住新常态下经济转型的机会，加大对这些地区交通及配套设施的建设，并提供更多就业机会，提升该地区的竞争优势，完善市场环境，减少本地人员外流，吸引外地人员流入，化解该地区房地产高库存问题，建立房地产市场健康发展长效机制。

此外，我国区域经济一体化发展日渐明显，如同城化、都市圈等，地区间发展的相关性与依赖性逐渐加强，区域间房地产市场的互相联系更加紧密，因此调控政策也需要顺应这一态势，提高区域内的联动调控。

3. 确定符合交通基础设施与房地产市场发展规律的调控目标

结合当前我国房地产开发投资与经济下行现实，不难发现政府对房地产业的调控屡屡受挫，不能实现预期目标，主要由以下几方面矛盾造成：一是我国经济增长结构正处于转型期，传统产业步履维艰，新兴产业起步较晚发展迟缓，经济增长动力不足，房地产开发投资扮演了刺激地方经济复苏的重要角色，在调控与经济增长的两难选择中地方政府往往倾向于后者；二是新型城镇化建设中地方政府财政短缺同城市化快速发展间的矛盾，更是凸显了"土地财政"的作用。地方政府在执行中央调控政策时无法摆

---

① 王小广提出房地产库存包含增量与存量两个概念。增量库存指报告期末已经竣工的待售现房，存量库存指空置住房累计量。参见王小广. 房地产库存问题与去库存对策 [J]. 理论探索, 2017（2）: 16-21.

脱土地财政依赖，自身存在推高房价的冲动。① 因此优化当前房地产开发投资目标关键在于如何有效地处理发展中的这些矛盾，制定有效的房地产调控目标，保证政府房地产调控政策的有效性。

交通基础设施建设水平持续改善的过程一般较长，这决定了其对房地产开发资本配置的导向与约束作用也是一个较为缓慢的过程。房地产业的发展与房地产开发投资水平需要符合社会经济在任一阶段的发展趋势，在遵循交通基础设施发展规律的基础上确定房地产开发投资的调控目标。假使房地产开发投资目标超前，那么城市经济发展水平与交通基础设施无法承载，已有的居民财富水平不能完全消化已开发出来的房地产"商品"，如很多地方房地产开发投资中出现的"烂尾楼""空城"等现象就是由此产生的。如果房地产开发投资目标滞后，那么会导致房地产供给不足，不能实现城市居民正常的住房需求。任何一种"赶超式"或者"滞后式"的房地产开发投资目标不仅有损于产业本身的发展，而且还会不利于社会经济的增长。

因此在制定房地产投资调控目标时需符合交通基础设施与房地产业的发展规律，明晰房地产业发展的战略性目标，即推动房地产业市场化的健康发展，使调控目标具有战略性和预见性。同时，政府在房地产业体系的完善过程中的宏观调控策略应更具完整性持和持续性，尽可能避免不同调控目标与政策"短视冲突"导致的"转换成本"。此外，为了减少地方政府对于土地财政的过度依赖，可以抓紧完善地方税系统，在全国开展对城市非经营性房地产进行征税。

第三节 未来展望

站在前人学者的肩膀上，本书就交通基础设施对房地产开发投资变动的影响情况从理论与实证两方面展开了试探性地探索，得出了许多新颖和具有现实意义的结论，然而限于篇幅以及研究内容的复杂性，文章还存在一些不足，这些不足将是笔者今后努力的方向：

（1）文章未考虑交通基础设施存量与流量对房地产开发投资约束的差异性，也未分析二者对房地产开发投资空间配置的影响，这将是后续研究

---

① 尚教蔚，李永乐. 实现房价调控目标与房地产市场健康发展的政策建议[J]. 甘肃社会科学，2011（5）：115 – 118.

的重点。

（2）只重点分析了房地产开发投资的总量、区位结构及溢出效应，后续可加强对交通基础设施约束下的房地产开发投资风险以及房地产开发投资类型结构的分析。

（3）文章缺乏利用国外发达国家基础设施与房地产开发投资的发展经验来指导我国交通基础设施与房地产开发投资实践，这将是后续研究的方向。

参考文献

[1] 阿尔弗雷德·韦伯.工业区位论[M].李刚剑,陈志人,张英保,译.北京:商务印书馆,1997.

[2] 大卫·李嘉图.政治经济学及赋税原理[M].北京:华夏出版社,2013.

[3] 高新才.区域经济与区域发展[M].北京:人民出版社,2002.

[4] 克里斯塔勒.德国南部的中心地[M].常正文,等译.北京:商务印书馆,2010.

[5] 况伟大.房地产与中国宏观经济[M].北京:中国经济出版社,2010.

[6] 廖什.经济的空间秩序[M].王守礼,译.北京:商务印书馆,2010.

[7] 魏后凯.走向可持续协调发展[M].广州:广东经济出版社,2001.

[8] 吴传清.区域经济学原理[M].武汉:武汉大学出版社,2008.

[9] 亚当·斯密.国富论[M].郭大力,王亚南,译.北京:商务印书馆,2015.

[10] 于光远.经济大辞典[M].上海:上海辞书出版社,1992.

[11] 俞孔坚,李迪华,刘海龙,等.反规划的途径[M].北京:中国建筑工业出版社,2005.

[12] 蔡新民.我国交通基础设施建设对经济增长的影响研究[J].经济纵横,2017(3):70-76.

[13] 陈淑云,付振奇.城市化、房地产投资与经济增长的关系分析——以湖北省1990-2009年时间序列数据为例[J].经济体制改革,2012(2):30-35.

[14] 陈耀,陈钰.资源禀赋、区位条件与区域经济[J].经济管理,2012(2).

［15］陈有孝，林晓言，刘云辉．城市轨道交通建设对地价影响的评估模型及实证——以北京市轨道交通为例［J］．北京交通大学学报（社会科学版），2005（3）：7-13．

［16］邓国营，田袁果．住房价格区域分化：基于市场化进程的视角［J］．财经科学，2023，420（3）：140-148．

［17］董洪超，蒋伏心，路璐．基于 DEA 模型的江苏经济发展中交通基础设施的效率研究［J］．经济问题探索，2017（10）：80-87．

［18］范克危．房地产投资市场聚类分析研究［J］．苏州城建环保学院学报，1999（5）：29-34．

［19］葛扬，岑树田．中国基础设施超常规发展的土地支持研究［J］．经济研究，2017（2）：35-51．

［20］谷一桢，徐治乙．轨道交通对房地产价值影响研究综述［J］．城市问题，2007（12）：45-50．

［21］谷一桢，郑思齐．轨道交通对住宅价格和土地开发强度的影响——以北京市13号线为例［J］．地理学报，2010（2）：213-223．

［22］何鸣，柯善咨，文嫣．城市环境特征品质与中国房地产价格的区域差异［J］．财经理论与实践，2009（2）：97-103．

［23］黄寿峰，王艺明．我国交通基础设施发展与经济增长的关系研究——基于非线性 Granger 因果检验［J］．经济学家，2012：28-34．

［24］雷根强，钱日帆．土地财政对房地产开发投资与商品房销售价格的影响分析——来自中国地级市面板数据的经验证据［J］．财贸经济，2014（10）：5-16．

［25］李铖．上海轨道交通对城市土地利用变化的影响［J］．应用生态学报，2008（7）：1537-1543．

［26］李郇，符文颖．城市政府基础设施投资在住宅市场的资本化考察［J］．地理研究，2010（7）：1269-1280．

［27］李慧玲，陈军．交通基础设施、空间溢出与区域经济增长——基于空 Durbi 模型的经验分析［J］．华东经济管理，2017（8）：53-59．

［28］李菁，徐英杰．交通基础设施对房地产开发投资空间分布的影响［J］．财经问题研究，2018（7）：24-32．

［29］李菁，张东，陈金洪．房地产开发投资、经济增长与交通基础设施——基于 Panel-var 模型的检验［J］．经济问题探索，2018（7）：20-26．

［30］李乐乐，白建军，宋冰洁．西安市交通网络综合通达性研究

[J]. 人文地理, 2014 (5): 88-93.

[31] 李玲, 朱道林, 胡克林. 基于PSR模型的房地产调控政策对房价影响的研究——以北京市为例 [J]. 资源科学, 2012 (4): 787-793.

[32] 李永友. 房价上涨的需求驱动和涟漪效应——兼论我国房价问题的应对策略 [J]. 经济学（季刊）, 2014 (13): 443-464.

[33] 连玉君, 程建. 投资—现金流敏感性: 融资约束还是代理成本 [J]. 财经研究, 2007 (2): 37-46.

[34] 梁宇, 郑新奇, 宋清华, 白书建. 中国大陆交通网络通达性演化 [J]. 地理研究, 2017 (12): 2321-2331.

[35] 梁云芳, 高铁梅. 中国房地产价格波动区域差异的实证分析 [J]. 经济研究, 2007 (8): 133-142.

[36] 刘建建, 王忏, 龚六堂. 土地金融、房地产税与去杠杆 [J]. 经济科学, 2023, 253 (1): 118-135.

[37] 刘康, 吴群, 王佩. 城市轨道交通对住房价格影响的计量分析——以南京市地铁1、2号线为例 [J]. 资源科学, 2015 (1): 133-141.

[38] 刘明, 刘渝琳, 丁从明. 政府投资对区域经济发展的双门槛效应——基于对交通基础设施投资的分析 [J]. 经济问题探索, 2013 (6): 21-31.

[39] 刘生龙, 胡鞍钢. 交通基础设施与经济增长: 中国区域差距的视角 [J]. 中国工业经济, 2010 (4): 14-23.

[40] 陆根尧, 林永然. 交通基础设施对经济集聚的门槛效应研究——基于浙江省的实证分析 [J]. 区域经济评论, 2015 (5): 36-40.

[41] 宁越敏. 从劳动分工到城市形态——评艾伦斯科特的区位论（二）[J]. 城市问题, 1995 (5): 4.

[42] 宁越敏. 从劳动分工到城市形态——评艾伦斯科特的区位论（一）[J]. 城市问题, 1995 (3): 4.

[43] 钱家骏, 毛立本. 要重视国民经济基础结构的研究和改善 [J]. 经济管理, 1981 (3): 12-15.

[44] 乔林, 孔淑红. 我国不同发展层次城市房价影响因素的差异分析及对策研究 [J]. 特区经济, 2012 (5): 210-212.

[45] 秦俊武, 杨军. 城市基础设施投资约束与住房开发投资变动 [J]. 学习与探索, 2013 (7): 115-120.

[46] 秦俊武. 中国城市基础设施投资约束下的住房开发投资变动研究

[D]．武汉：中南财经政法大学，2013．

[47] 荣朝和．关于运输业规模经济和范围经济问题的探讨[J]．中国铁道科学，2001（4）：8．

[48] 史梦昱，沈坤荣．交通基础设施建设与地区资源配置——基于城市道路指数的研究[J]．现代经济探讨，2023（4）：26-40．

[49] 舒东，郝寿义．房地产功能价值论与中国房地产市场投资[J]．南开学报，2003（3）：101-107．

[50] 宋琪，汤玉刚．中国的城市基础设施供给"过量"了吗？——基于资本化视角的实证检验[J]．经济问题探索，2015（7）：38-44．

[51] 宋英杰．交通基础设施的经济集聚效应：基于新经济地理理论的分析[D]．济南：山东大学，2013．

[52] 苏亚艺，朱道林，郑育忠，王兴，陈庚．轨道交通对城郊之间房价梯度影响研究——以北京西南部为例[J]．资源科学，2015（1）：125-132．

[53] 唐志军，徐会军，巴曙松．中国房地产市场波动对宏观经济波动的影响研究[J]．统计研究，2010（2）：15-22．

[54] 王松涛，郑思齐，冯杰．公共服务设施可达性及其对新建住房价格的影响——以北京中心城为例[J]．地理科学进展，2007（6）：78-85．

[55] 王伟，谷伟哲，翟俊，熊西亚．城市轨道交通对土地资源空间价值影响[J]．城市发展研究，2014（6）：117-124．

[56] 王文军，黄丽．公共投资对商品住宅价格的影响效应研究——基于中国35个大中城市截面数据的分析[J]．当代财经，2012（10）：97-107．

[57] 王霞，朱道林，张鸣明．城市轨道交通对房地产价格的影响——以北京市轻轨13号线为例[J]．城市问题，2004（6）：39-42．

[58] 王贤彬，张莉，徐现祥．地方政府土地出让、基础设施投资与地方经济增长[J]．中国工业经济，2014（7）：31-43．

[59] 王小广．房地产库存问题与去库存对策[J]．理论探索，2017（2）：16-21．

[60] 王新哲．从区位优势悖论到区位优势再造[J]．广西民族大学学报，2009（3）：114-120．

[61] 魏后凯．大都市区新型产业分工与冲突管理[J]．中国工业经济，2007（2）：28-34．

[62] 徐杨菲．轨道交通溢价的市场间差异对改变土地利用强度的作用[C]．世界华人不动产学会年会，2014．

[63] 许宪春, 贾海, 李皎, 李俊波. 房地产经济对中国国民经济增长的作用研究 [J]. 中国社会科学, 2015 (1): 84-101.

[64] 杨辉, 傅雄广. 房地产、经济增长与货币政策的相互影响 [J]. 中国货币市场, 2010 (6): 10-14.

[65] 杨家文, 周一星. 通达性: 概念, 度量及应用 [J]. 地理学与国土研究, 1999 (15): 6.

[66] 杨军, 乔林珂, 李秉建, 等. 轨道交通对城市房地产价格影响特征分析 [J]. 建筑经济, 2022, 43 (S2): 429-432.

[67] 杨俊杰. 房价波动对宏观经济波动的微观作用机制探究 [J]. 经济研究, 2012 (1): 117-127.

[68] 杨立波, 刘小明. 交通基础设施及其效率研究 [J]. 道路交通与安全, 2006 (6): 10-13.

[69] 姚影. 城市交通基础设施对城市集聚与扩展的影响机理研究 [D]. 北京: 北京交通大学, 2009.

[70] 叶昌友, 王遐见. 交通基础设施、交通运输业与区域经济增长——基于省域数据的空间面板模型研究 [J]. 产业经济研究, 2013 (2): 40-47.

[71] 叶霞飞, 蔡蔚. 城市轨道交通开发利益的计算方法 [J]. 同济大学学报 (自然科学版), 2002 (4): 431-436.

[72] 俞薇, 赵静, 秦俊武. 城市基础设施资本存流量配置差异与房地产投资空间分布研究 [J]. 重庆大学学报 (社会科学版), 2015 (4): 30-36.

[73] 张东, 秦俊武. 商品住宅投资与商用房投资互引关系: 基于VAR模型的实证 [J]. 海南大学学报 (人文社会科学版), 2012 (3).

[74] 张东, 汤军. 城市基础设施投资的房地产资本化效应 [J]. 城市问题, 2017 (9): 64-71.

[75] 张东, 杨易, 秦俊武. 城市基础设施投资约束与住房开发投资区位选择——基于省级面板数据的实证 [J]. 海南大学学报 (人文社会科学版), 2014 (1): 90-95.

[76] 张东, 周雯雯. 我国住房供给弹性的测算与影响因素分析 [J]. 统计与决策, 2017 (7): 125-128.

[77] 张贡生, 李伯德. 驳资源诅咒论 [J]. 经济问题, 2010 (3).

[78] 张浩, 李仲飞. 房价预期、土地价格与房地产商行为 [J]. 管理评论, 2016, 28 (4): 52-61.

[79] 张洪,金杰,全诗凡.房地产投资、经济增长与空间效应——基于70个大中城市的空间面板数据实证研究 [J].南开经济研究,2014 (1): 42-58.

[80] 张军涛,毕乐强,纪昭君.区域间公共基础设施溢出效应研究 [J].城市发展研究,2011,18 (2): 76-81.

[81] 张立新,秦俊武,俞薇.我国房地产开发资本的空间聚集——兼论非常规聚集下房地产金融风险的防范 [J].武汉金融,2015 (4): 28-30.

[82] 张立新,肖斌,赵晓磊.中国房地产走势:非常规空间聚集的视角 [J].财经科学,2014 (11): 110-119.

[83] 张凌,田传浩.城市住房市场差异与房价连锁反应——以35个大中城市为例 [J].浙江大学学报,2010 (1): 197-202.

[84] 张维阳,李慧,段学军.城市轨道交通对住宅价格的影响研究——以北京市地铁一号线为例 [J].经济地理,2012 (2): 46-51.

[85] 张学良.中国交通基础设施促进了区域经济增长吗——兼论交通基础设施的空间溢出效应 [J].中国社会科学,2012 (3): 60-77.

[86] 赵静,濮励杰,胡晓添.城市住房价格空间差异研究——以南京市为例 [J].现代管理科学,2007 (2): 14-15.

[87] 赵楠,申俊利,贾丽静.北京市基础设施承载力指数与承载状态实证研究 [J].城市发展研究,2009 (4): 68-75.

[88] 周京奎,吴晓燕.公共投资对房地产市场的价格溢出效应研究——基于中国30省市数据的检验 [J].世界经济文汇,2009 (1): 15-32.

[89] 李海东.高速公路经济论 [D].成都:四川大学,2004.

[90] 王士君.城市相互作用与整合发展的理论和实证研究 [D].长春:东北师范大学,2003.

[91] 周璞.城市轨道交通对沿线房地产价值的影响研究 [C].武汉:华中师范大学,2012.

[98] Allen, P. M. Cities and Regions as Self-organizing Systems: Models of Complexity [M]. Gordon and Breach Science Publish, 2013.

[99] Aschauer D. A. Is Public Expenditure Productive? [J]. Journal of Monetary Economics, 1989, 23 (2): 177-200.

[94] Bae C. C., M. Jun, H. Park, . The Impact of Seoul's Subway Line 5 on Residential Property Values [J]. Transport Policy, 2003 (2): 85-94.

[95] Baldwin R. E., Forslid R., Martin P. Economic Geography and Pub-

lic Policy [M]. Princeton University Press, 2005.

[96] Banister D., Berechman Y. Transport Investment and The Promotion of Economic Growth [J]. Transport Geography, 2001, 9 (3): 209 - 218.

[97] Benjamin J. D., Sirmans G. S. Mass Transpotation, Apartment Rent and Property Value [J]. Journal of Real Estate Research, 1996, 12 (1): 1 - 8.

[98] Black S. E. Do Better Schools Matter? Parental Valuation of Elementary Education Quarterly [J]. Journal of Economics, 1999, 114 (2): 577 - 599.

[99] Boarnet M. G. Spillovers and the Locational Effects of Public Infrastructure [J]. Journal of Regional Science, 1998, 38 (3): 381 - 400.

[100] Bougheas S., Demetriades P. O., Mamuneas T. P. Infrastructure, Specialization, and Economic Growth [J]. The Canadian Journal of Economics, 2000, 33 (2): 506 - 522.

[101] Bowes D. R., K. R. Ihlanfeldt. Identifying The Impacts of Rail Transit Station Residential Property Values [J]. Journal of Urban Economics, 2001 (1): 1 - 25.

[102] Brietzke, Ken. From Conceptual Frameworks to Quantitative Models: Spatial Planning in the Durban Metropolitan Area, South Africa: The Link to Housing and Infrastructure Planning [C]. Case Study Prepared for Revisiting Urban Planning: Global Report on Human Settlements 2009. United Nations Human Settlements Programme, 2009.

[103] Burker T., Hayward D. Melboume's Housing Past Housing Future [J]. Urban Policy and Research, 2011, 19 (3): 291 - 310.

[104] Caldoeron C., Serven L. The Effects of Infrastructure Development on Growth and Income Distribution [J]. Policy Research, 2004, 59 (3400): 114 - 129.

[105] Cantos, Mercedes Gumbau-Albert, Joaquin Maudos. Transport Infrastructures, Spillovers Effects and Regional Growth: Evidence of the Spanish Case [J]. Transport Reviews, 2005, 25 (1): 25 - 50.

[106] Cath Jackson, Michael White. Challenging the Traditional Real Estate Market Classifications for Investment Diversifications [J]. Journal of Real Estate Portfolio Management, 2005 (11): 307 - 321.

[107] Cervero, R. and M., Duncan. Land Value Impacts of Rail Transit Services in LosAngeles County [R]. Report Prepared for National Association of

Realtors Urban Land Institute, 2002.

[108] Chandra A., Thompson E. Does Public Infrastructure Affect Economic Activity? Evidence from The Rural Interstate Highway System [J]. Regional Science and Urban Economics, 2000 (30): 457-490.

[109] Charlotte Liotta, Quentin Lepetit, Vincent Viguié. Testing The Monocentric Standard Urban Model in A Global Sample of Cities [J]. Regional Science and Urban Economics, 2022, 103832. https://doi.org/10.1016/j.regsciurbeco.2022.103832.

[110] Chen, C.-L., Hall. The Wider Spatial-economic Impacts of High-speed Trains: A Comparative Case Study of Manchester and Lille Sub-regions [J]. Journal of Transport Geography, 2011 (9): 23-45.

[111] David N, Figlio, Maurice E, Lucas. What's in A Grade? School Report Cards and The Housing Marke, The American Economic Review, 2004, 94 (3): 591-604.

[112] Decoster G. P., Strange W. C. Developers, Herding, and Overbuilding [J]. The Journal of Real Estate Finance and Economics, 2012, 44 (1-2): 7-35.

[113] Demurger S. Infrastructure and Economic Growth: An Explanation for Regional Disparities in China [J]. Journal of Comparative Economics, 2001 (29): 95-117.

[114] Dicken P., P. Lloyd. Location in Space: Theoretical Perspectives in Economic Geography, 3rd ed [M]. New York: Harper Collins, 2003.

[115] Downs. A. Best Estate and Long Cycles [J]. National Real Invest, 1993, 23 (4): 25-37.

[116] Du H., Ma Y., An Y. The Impact of Land Policy on the Relation between Housing and Land Preces: Evidence from China [J]. The Quarterly Reviews of Economics and Finance, 2011, 51 (1): 19-27.

[117] Dynan, Karen E., Elmendorf, Douglas W., Siehel, Daniel E. Can Financial Innovation Help to Explain The Reduced Volatility of Economic Activity? [J]. Journal of Monetary Economics, 2006, 53 (1): 123-150.

[118] Efthymiou D., C. Antoniou. How Do Transport Infrastructure and Policies Affect House Prices and Rents? Evidence from Athens, Greece [J]. Transportation Research Part A: Policy and Practice, 2013, 23 (8): 34-49.

[119] Eichengreen B., Gupta P. The Two Waves of Service-sector Growth [J]. Oxford Economic Papers, 2013 (65): 96-123.

[120] Evans P., Karras G. Are Government Activities Productive? Evidence from A Panel of US State [J]. Review of Economics and Statistics, 1994 (76): 1-11.

[121] Everaert G., Heylen R. Public Capital and Productivity Growth: Evidence for Belgium, 1953-1996 [J]. Economic Modeling, 2001, 18 (1): 97-116.

[122] Femandes E., Pacheco R. R. The Causal Relationship between GDP and Domestic Air Passenger Traffic in Brazil [J]. Transportation Planning and Technology, 2010, 33 (7): 569-581.

[123] Fleisher B., Li H. Z., Zhao M. Q. Human Capital, Economic Growth, and Regional Inequality in China [J]. Journal of Development Economics, 2010 (29): 215-231.

[124] Froot K. A., Scharfstein D. S., Stein J. C. Herd on The Street: Informational Inefficiencies in A Market with Short Term Speculation [J]. The Journal of Finance, 1992, 47 (4): 1461-1484.

[125] Garcia-Mila T., McGuire T. J., Poter R H. The Effect of Public Capital in State-level Production Functions Reconsidered [J]. The Review of Economics and Statistics, 1996, 78 (1): 177-180.

[126] Gatzlaff D. H., Smith M. T. The Impact of The Miami Metrorail on The Value of Residences Near Station Locations [J]. Land Economics, 1993 (31): 54-66.

[127] Gerrit J., Knaap, C. D. L. D. Do Plans Matter? The Effects of Light Rail Plans on Land Values in Station Areas [J]. Journal of Planning Education and Research, 2001 (1): 28-44.

[128] Gines de Rus, Vicente Inglada. Cost-Benefit analysis of the high-speed train in Spam [J]. The Annals of Regional Science, 1997 (31): 77-98.

[129] Gonzalez-Navarro, Quintana-Domeque. Public Infrastructure, Private Investment and Residential Property Values: Experimental Evidence from Street Pavement [J]. Rand Corporation, 2010 (29): 17-34.

[130] Gramlich E. M. Infrastructure Investment: A Review Essay [J]. Journal of Economic Literature, 1994, 32 (3): 1176-1196.

[131] Gutierrez J. The European high-speed Train Network: Predicted Effects on Accessibility Patterns [J]. Journal of Transport Geography, 1996, 4 (4): 227-238.

[132] Haider, Eric J. Miller. Effects of Transportation Infrastructure and Location on Residential Real Estate Values: Application of Spatial Autoregressive Techniques [J]. Journal of The Transportation Research Board, 2007, 6 (3): 3-17.

[133] Haig R. M. Toward An Understanding of The Metropolis [J]. The Quarterly Journal of Economics, 1926. (40): 179-208.

[134] Hansen W G. How Accessibility Shapes Land Use [J]. Journal of The American Institute of Planners, 1959 (25): 73-76.

[135] Haughwout, Moshe Ben-Akiva, Steven Lerman. Tradeoffs in Residential Location Decisions: Transportation Versus Other Factors [J]. Transportation Policy and Decision-Making, 1997, 1 (1): 55-145.

[136] Henderson J. V., Venables A. J. The Dynamics of City Formation: Finance and Governance [C]. CEPR Discussion Papers, 2004.

[137] Hirschman, A. O. The Strategy of Economic Development [M]. New Haven, Conn: Yale University Press, 1958.

[138] Holl A. Manufacturing Location and Impacts of Road Transport Infrastructure: Empirical Evidence from Spain [J]. Regional Science and Urban Economics, 2004, 34 (3): 341-363.

[139] Holtz-Eakin D., Schwartz A. E. Spatial Productivity Spillovers from Public Infrastructure: Evidence from State Highways [J]. International Tax and Public Finance, 1995, 2 (3): 459-468.

[140] Hoong Chen Teo, Tze Kwan Fung, Xiao Ping Song, Richard N. Belcher, Kelly Siman, Ian Z. W. Chan, Lian Pin Kon. Increasing Contribution of Urban Greenery to Residential Real Estate Valuation over Time [J]. Sustainable Cities and Society, 2023: 104689.

[141] Hull I. The Macro-financial Implications of Housing Price-indexed Mortgage Contracts [J]. Economics Letters, 2015 (127): 81-85.

[142] Ihlanfeldt, T. Mayock. Housing Bubbles and Busts: The Role of Supply Elasticity [J]. Land Economics, 2014, 90 (90): 79-99.

[143] James Meikle. A Review of Recent Trends in House Construction and

Land Prices in Great Britain. Construction Management and Economics, 2001 (19): 259-265.

[144] Jeremy Atack, Robert A., Margo. Location, Locaion, Location! The Market for Vacant Urban Land: New York, 1835-1900 [J]. Journal of Real Estate Finance and Economics, 1998, 16 (2): 151-172.

[145] Johnston R J. Dictionary of Human Geography, 3rd Edition [M]. Oxford: Basil Blackwell, 1994.

[146] Joke Luttik. The Value of Trees, Water and Open Space As Reflected by House Prices in the Netherlands [J]. Landscape and Urban Planning, 2000, 48 (23): 83-101.

[147] João Fragoso Januário, Álvaro Costa, Carlos Oliveira Cruz, Joaquim Miranda Sarmento, Vítor Faria e Sousa. Transport Infrastructure, Accessibility, and Spillover Effects: An Empirical Analysis of The Portuguese Real Estate Market from 2000 to 2018 [J]. Research in Transportation Economics, 2021 (90): 101130.

[148] Judith Yates. Housing Implications of Social, Special and Structural Change [J]. Housing Studies, 2002, 17 (4): 581-618.

[149] Kim J., Zhang M. Determining Transit's Impact on Seoul Commercial Land Values: An Application of Spatial Econometrics [J]. International Real Estate Review, 2005, 8 (1): 1-26.

[150] Kuwahara, M. and E. C. Sullivan. Estimating Origin-Destination Matrices from Roadside Survey Data [J]. Transportation Research B, 2010 (21): 233-248.

[151] Lakshmanan T. R. The Broader Economic Consequences of Transport Infrastructure Investments [J]. Journal of Transport Geography, 2010, 25 (1), 1-12.

[152] Landis J., Guhathakurta S., Zhang M. Capitalization of Transportation Investments into Single Family Home Prices: A Comparative Analysis of California Transit Systems and Highways [C]. University of California at Berkiliy, 1994.

[153] Leamer E. E. Housing Is The Business Cycle [R]. Proceedings, Federal Reserve Bank of Kansas City, 2007.

[154] Lisa Barrow, Cecilia Elena Rouse. Using Market Valuation to Assess

Public School Spending [J]. Journal of Public Economics, 2004 (88): 1747 - 1769.

[155] Liu C., Ou Z. What Determines China's Housing Price Dynamics? New Evidence from a Dsge-var [R]. Cardiff Economics Working Papers, 2017.

[156] LoveI., L. Zicchino. Financial Development and Dynamic Investment Behavior: Evidence from Panel Var [J]. Quarterly Review of Economics and Finance, 2006, 46 (2): 190 - 210.

[157] McKinsey. Debt and Deleveraging: The Global Credit Bubble and Its Economic Consequences, San Francisco, London, and Washington [R]. Global Institute, 2010.

[158] Mehmet Aldonat Beyzatlar, Muge Karacal, Hakan Yetkiner. Granger-causality between Transportation and GDP: A Panel Data Approach [J]. Transportation Research Part A: Policy and Practice, 2014, 18 (63): 43 - 55.

[159] Mian, Atif, Amir Sufi. Consumers and The Economy, Part II: Household Debt and The Weak U. S. Recovery [R]. FRBSF Economic Letter, 2011.

[160] Mikelbank B A. Spatial Analysis of The Relationship between Housing Values and Investments in Transportation Infrastructure [R]. The Annals of Regional Science, 2004.

[161] Moonaw M., Williams M. The Interregional Impact of Infrastructure Capital [J]. Southem Economic Journal, 1991 (61): 830 - 845.

[162] Moses L. N. Income, Leisure, and Wage Pressure [J]. Economic Journal, 1962, 72 (286): 320 - 334.

[163] Muellbauer J. Housing Credit and Consumer Expenditure [R]. The Kansas Federal Reserve's Jackson Hole Symposium. 2007: 267 - 234.

[164] Myeong Soo Kim. A Comparative Study on Residential Investment and Non-residential in GDP Fluctuation [C]. 清华大学房地产研究所AsRES会议第七届年会论文集, 2002: 77 - 79.

[165] Nelson, A. G., J. Generrax, M. Generenx. Price Effects of Landfills on House Value [J]. Land Ecomomics, 1992, 68 (4): 359 - 362.

[166] Ooi J T L, Sirmans C F. Wealth effects of land acquision [J]. Journal of Real Estate Finance and Economics, 2004, 29 (3): 277 - 294.

[167] Ortalo-Magne F. Young Households and the House Price Cycle [J]. European Economic Review, 2004 (43): 1344 - 1450.

[168] Rosenstein-Rodan. Problems of Industrialization in Eastern and Southeastern Europe [J]. Economic Journal, 1943, 53 (3): 202 – 211.

[169] Rossini P., Kupke V. Understanding the Short and Long-run Relationship between Vacant Allotment and Established House Prices: A Case Study of Adelaide Australia [J]. International Journal of Managerial Finance, 2014, 10 (2): 200 – 217.

[170] Sahoo P., R. K. Dash, G. Nataraj. Infrastructure Development and Economic Growth in China [C]. IDE (Institute of Developing Economies) Discussion Paper, 2010.

[171] Saugata Maitra. How Infrastructure Projects Influence Real Estate Values [J]. Journal of Real Estate Research, 2010 (17): 47 – 65.

[172] Schultz. New Economic Geography [J]. Journal of Economic Surveys, 1962, 13 (4): 355 – 379.

[173] Shairzay. An Institutional Reform Strategy for Assessment of The Urban Housing and Infrastructure Sectors: A Study in Economic Development of Afghanistan [D]. Harvard University, 1992: 242.

[174] Shilton, L. Stanley, L. Spatial Patterns of Headquarters [J]. Journal of Real Estate Research, 1999 (17): 80 – 96.

[175] Sirmans G. S., Macpherson D. A., Zietz E N. The Composition of Hedonic Pricing Models [J]. Journal of Real Estate Literature, 2005, 13 (1): 78 – 85.

[176] Stadelmann D., Billon S. Capitalisation of Fiscal Variables and Land Scarcity [J]. Urban Studies, 2011 (17): 26 – 44.

[177] Stephanie Riegg Cellini, Fernando Ferreira, Jesse Rothstein. The Value of School Facility Investments: Evidence from A Dynamic Regression Discontinuity Design [J]. Quarterly Journal of Economics, 2010 (125): 215 – 261.

[178] Stover. The Role of Infrastructure in The Supply of Housing [J]. Journal of Regional Science, 1987, 27 (2), 255 – 267.

[179] Suedekum J. Agglomeration and Regional Costs of Living [J]. Journal of Regional Science, 2006 (46): 529 – 543.

[180] Suen. Residential Development Pattern and Intra-Neighborhood Infrastructure Provision [J]. Journal of Urban Planning, 2005, 43 (25): 79 – 97.

[181] Tabuchi T. Urban Agglomeration and Dispersion: A Synthesis of Alon-

so and Krugman [J]. Journal of Urban Economics, 1998, 44 (3): 333-351.

[182] Taotao, Deng, Shuai Sha. Has The Trans-port-Led Economic Growth Effect Reached A Peak in China? A Panel Threshold Regression Approach [J]. Transportation, 2014, 41 (3): 567-587.

[183] Teixeira A. C., Transport Policies in Light of the New Economic Geography: The Portuguese Experience [J]. Regional Science and Urban Economics, 2006, 36 (4): 450-466.

[184] Theebe M. A. J. Planes, Trains and Automobiles: the Impacts of Traffic Noises on House Prices [J]. Journal of Real Estate Finance and Economics, 2004, 28 (2): 132-146.

[185] Thomas J., Kane, Stephanie K., Riegg, Douglas O., Staiger. School Quality, Neighborhoods, and Housing Prices [J]. American Law and Economics Review, Oxford University Press, 2006, 8 (2): 183-212.

[186] Timofeev A. A., Tnmoeeb A. A. Great Siberian Highway and Process Urbanization on Southern Ural (1891-1914 Tears) [J]. Journal of Siberian Federal University: Humanities and Social Sciences, 2009 (2): 176-183.

[187] Yiu C. Y., Tam C. S. Housing Price Gradient with Two Workplaces-An Empirical Study in Hong Kong [J]. Regional Science and Urban Economics, 2007 (37): 413-429.

[188] Young A. The Tyranny of Numbers: Confronting the Statistical Realities of the East Asian Growth Experience [J]. The Quarterly Journal of Economics, 1995, 110 (3): 641-680.

[189] Zhang Li, Lu Yuqi. Regional Accessibility of Land Traffic Network in The Yangtze River Delta [J]. Journal of Geographical Sciences, 2007, 17 (3): 351-364.